Kremsner · Proyer | Inklusive Pädagogik in der Schule

Bildung und Unterricht

Gertraud Kremsner
Michelle Proyer

Inklusive Pädagogik in der Schule

Eine praxisorientierte Einführung

Reclam

RECLAMS UNIVERSAL-BIBLIOTHEK Nr. 14297
2024 Philipp Reclam jun. Verlag GmbH,
Siemensstraße 32, 71254 Ditzingen
Gestaltung: Cornelia Feyll, Friedrich Forssman
Druck und Bindung: Esser printSolutions GmbH,
Untere Sonnenstraße 5, 84030 Ergolding
Printed in Germany 2024
RECLAM, UNIVERSAL-BIBLIOTHEK und
RECLAMS UNIVERSAL-BIBLIOTHEK sind eingetragene Marken
der Philipp Reclam jun. GmbH & Co. KG, Stuttgart
ISBN 978-3-15-014297-4

www.reclam.de

Inhalt

Einleitung: Auf dem Weg zu einem inklusiven Schulsystem?

›Inklusion‹ als Begriff entstammt soziologischen Diskursen, wo er – als Gegenstück zu Exklusion – bereits seit mehreren Jahrzehnten bekannt ist und verwendet wird. In erziehungswissenschaftlichen bzw. pädagogischen Diskussionen taucht er vor allem im Kontext der ›Salamanca Erklärung‹ der UNESCO von 1994 erstmals prominent auf. Diese fordert, dass behinderte[1] Kinder und Jugendliche die ihrem Wohnort nächstgelegene (Regel-)Schule besuchen können sollten. Und nachdem zunächst tatsächlich nur behinderte Kinder und Jugendliche adressiert wurden, erweiterte die UNESCO die durch Inklusion angesprochenen Gruppen in den nachfolgenden Jahren auf all jene, die von Ausschlüssen und Marginalisierungen bedroht waren und nach wie vor sind. Inklusion wurde so zum zentralen Konzept der Entwicklung des gesamten Schulwesens und bleibt dies bis in die Gegenwart (Biewer, Proyer & Kremsner 2019).

1 In Anlehnung an die Forderungen der Behindertenbewegung verwenden wir durchgängig die Schreibweise ›behinderte Menschen‹ u. ä. anstatt ›Menschen mit Behinderung(en)‹. Dies soll darauf verweisen, dass in der sozialen Konstruktion von Behinderung leider nach wie vor keineswegs der Mensch an erster Stelle steht, sondern vor allem Behinderung zugeschrieben wird. Durch diese soziale Konstruktion unterscheidet sich ›Behinderung‹ übrigens auch von ›Beeinträchtigung‹, wie im Kapitel 3.1 ausführlich besprochen werden wird.

Mit der UN-Behindertenrechtskonvention (UN-BRK) wurde das ›Recht auf Inklusion‹ endgültig menschenrechtlich legitimiert und durchsetzbar. Obwohl sich über die gesamte Konvention hinweg wesentliche Aspekte finden, die den Kontext Schule und Unterricht betreffen, so ist es dennoch Artikel 24 (*education*), der diese explizit benennt. Hier wird vollständige Inklusion für Schule und Unterricht eingefordert. Dort heißt es im Absatz 1 beispielhaft für eine Reihe weiterer Nennungen: »States Parties recognize the right of persons with disabilities to education. With a view to realizing this right without discrimination and on the basis of equal opportunity, States Parties shall ensure *an inclusive education system at all levels* and lifelong learning« (UN 2006, Art. 24/1, Hervorh. durch die Verf.). Der Bezug auf die englischsprachige Originalversion anstelle der Zitation der in den jeweiligen Rechtssystemen der deutschsprachigen Länder eingebundenen Fassung ist kein Zufall. Die ursprünglich für Deutschland und Österreich deckungsgleiche Übersetzung fordert nämlich im Artikel 24 das Recht auf »ein *integratives* Bildungssystem auf allen Ebenen« (BMAS 2009, Art. 24/1; Hervorh. durch die Verf.). Diese Übersetzung von *inclusion* mit ›Integration‹ ist kein Fehler, sondern durchaus beabsichtigt und folgenreich. Denn wie sich im Verlauf dieses Buches zeigen wird, handelt es sich bei Inklusion und Integration um zwei grundständig unterschiedliche Konzepte mit divergierenden Zielsetzungen und Herangehensweisen. Die deutschsprachige Übersetzung blieb entsprechend auch nicht unkommentiert, sondern zog massive Proteste, tiefgreifende und umfassende wissenschaftliche Auseinandersetzungen (gerade auch im

Kontext Schule und Unterricht) nach sich und wurde schließlich 2016 zumindest in Österreich geändert. Deutschland und die Schweiz haben sich dieser Neuübersetzung aber leider nicht angeschlossen.

So wichtig die UN-BRK für die Auseinandersetzung mit Inklusion allerdings auch ist, muss dennoch auf einen Aspekt hingewiesen werden, der uns als wesentlich erscheint und die Gliederung dieses Buches maßgeblich mitbestimmt hat: »Wenn nämlich Inklusion über die UN-*Behinderten*rechtskonvention rechtlich legitimiert wird, führt dies dazu, dass Inklusion vor allem im Kontext von Behinderung diskutiert wird; der Begriff wird also durch die explizite Anwendung auf *eine* (wenn auch äußerst vielfältige) kategorial gefasste Personengruppe (ungewollt) einseitig vereinnahmt« (Barberi, Kremsner & Proyer 2023, o. S.). Inklusion zielt aber auf *alle* ab und kann eben nicht nur für eine Personengruppe geltend gemacht werden (siehe hierzu auch Katzenbach 2017). Dies zeigt sich u. a. daran, dass wir im alltäglichen Sprachgebrauch bei Flucht und Migration vordergründig davon sprechen, dass Personen ›integriert‹ werden müssten, während das Begriffspaar ›Behinderung‹/Inklusion‹ mittlerweile sehr gebräuchlich ist.

Für das vorliegende Buch haben wir uns entsprechend für einen ›weiten‹ Begriff von Inklusion entschieden und werden versuchen, diesen für möglichst viele verschiedene Personen- bzw. Schüler*innen- und Lehrer*innengruppen nutzbar zu machen.

In den ersten drei Hauptkapiteln bieten wir eine Einführung in Begrifflichkeiten und theoretische Grundlagen des Konzepts der Inklusion. In den Kapiteln 4–6 erfolgt die

Konkretisierung für das System Schule – mit einem Schwerpunkt bei der Sekundarstufe –, indem wir einen Bogen vom Allgemeinen (grundlegenden Überlegungen) zum Konkreten (Unterrichtssituationen) schlagen.

1 Begriffliche Verortung: Inklusion, Exklusion, Separation und Integration

Im ersten Kapitel sollen zunächst die Begriffe Exklusion, Separation und Integration definiert werden, um darauf aufbauend Inklusion (auch bezogen auf den Kontext Schule) davon abzugrenzen.

1.1 Exklusion – Separation – Integration

Inklusion ist begrifflich nicht leicht zu bestimmen. Am besten gelingt dies, wenn im Vorfeld einer Definition von Inklusion diejenigen Ansätze vorgestellt werden, von denen sie sich abhebt. Im folgenden Kapitel werden deshalb Exklusion, Separation und Integration als Formen (der Organisation) des sozialen Zusammenlebens vorgestellt, um darauf aufbauend Inklusion begrifflich fassen zu können. Über die Kenntnis dieser sich unterscheidenden Ansätze können gängige Diskurse und vielleicht sogar Missverständnisse besser eingeordnet werden.

Vorab müssen einige Aspekte festgehalten werden, um der weiterführenden Argumentation ein gemeinsames Verständnis zu Grunde zu legen:

1. Exklusion, Separation, Integration und Inklusion lösen sich keineswegs im historischen Verlauf ab und bauen dementsprechend nicht trennscharf aufeinander auf. Vielmehr existieren gegenwärtig alle vier Ansätze parallel, d. h. das soziale Zusammenleben kann je nach Be-

reich, Region oder historischer Entwicklung sowohl exklusiv als auch separativ/segregativ, aber auch integrativ oder (zumindest in Ansätzen) gar inklusiv gestaltet sein. Das bedeutet auch, dass sich die vier Ansätze Exklusion, Separation, Integration und Inklusion tatsächlich inhaltlich voneinander unterscheiden und nicht alte Begriffe durch neue, vermeintlich ›modernere‹ Terminologien ersetzt wurden (wie manchmal vermutet wird; besonders die Begriffe Inklusion und Integration werden fälschlicherweise immer wieder gleichgesetzt).

2. Die genannten vier Ansätze (und insbesondere Inklusion) sind nicht nur innerhalb des schulischen Kontextes von Bedeutung, auch wenn dies in der breiten öffentlichen Diskussion manchmal so wirken mag. Vielmehr sind *alle* bildungsbezogenen Bereiche, auch jene des sozialen Lebens generell – von der Kleinkindpädagogik über die Felder Wohnen, Freizeit, Arbeit, Bildung usw. bis hin zum Tod eines Menschen – durch Inklusion, aber eben auch Exklusion, Separation und Integration angesprochen.
3. Schließlich ist hervorzuheben, dass alle vier Ansätze nicht nur in Zusammenhang mit dem Themenfeld Behinderung verhandelt werden, sondern zumindest potentiell *alle* Menschen betreffen können. Ganz besonders adressiert werden aber Personen und Gruppen, die an den Rand der Gesellschaft gedrängt werden. Neben behinderten Personen sind dies z. B. insbesondere Menschen, deren (biographische) Hintergründe auf Flucht oder Migration verweisen (oft einhergehend mit einer negativen Bewertung von Religion und/oder ›Kultur‹). Auch sprachliche Aspekte führen oft zu systematischer

Unterdrückung (z. B. bei einer anderen Erstsprache als Deutsch oder durch eine Abwertung starker dialektaler Färbungen). Angesprochen werden dadurch auch Personen, die aufgrund ihrer geschlechtlichen und/oder sexuellen Identität sozialen Ausschluss erfahren. Vor allem im Schul- und im Arbeitskontext wird außerdem Leistungsfähigkeit zum Kriterium für sozialen Ein- oder Ausschluss. Dazu kommen (neben einer Reihe weiterer möglicher kategorialer Zuschreibungen) diejenigen Personen, die auf der Grundlage ihrer ökonomischen Ausstattung bzw. der Zugehörigkeit zu einer sozialen Klasse benachteiligt werden (siehe zu den angeführten Heterogenitätsdimensionen u. a. Sturm 2016; Bohl, Budde & Rieger-Ladich 2017; Walgenbach 2017).

Was sind nun aber Exklusion, Separation, Integration und Inklusion? Häufig werden schematische Darstellungen verwendet, um die Unterschiede zwischen den vier Ansätzen zu veranschaulichen. Auch wir bedienen uns dieser Möglichkeit und nutzen ein (mittlerweile weit verbreitetes) Schaubild (s. S. 14).

Wie aus dieser Abbildung entnommen werden kann, trennt *Exklusion* zwei Kontexte klar voneinander ab. Hier ist eine Gruppe von einer anderen getrennt. Umgelegt auf die Organisation bzw. die Struktur sozialer Systeme bedeutet dies, dass Menschen zunächst aufgrund eines spezifischen Merkmals oder einer bestimmten Eigenschaft in einer Gruppe zusammengefasst werden. Aufgrund der vermeintlichen Zugehörigkeit zu eben jener Gruppe wird ihnen der Zugang zu einem spezifischen System verwehrt. Das bedeutet z. B., dass Menschen zunächst als Gruppe der ›Behinderten‹, der

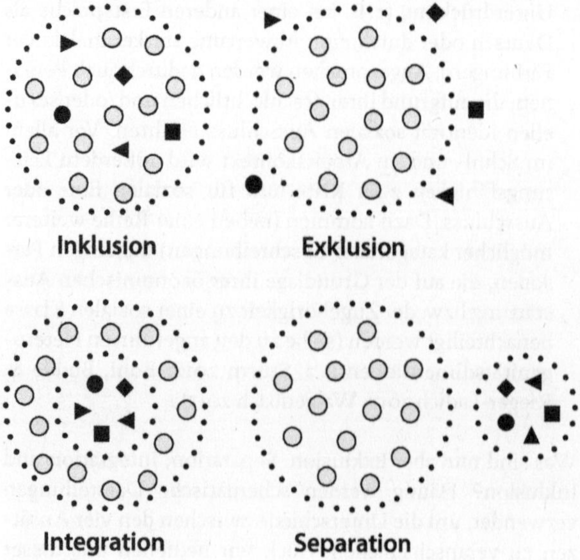

Schematische Darstellung von Inklusion, Exklusion, Integration und Separation. Quelle: www.norm-braucht-vielfalt.org/was-ist-inklusion

›Mädchen‹, der ›schwachen Schüler*innen‹ konstituiert werden und ihnen ausgehend davon z. B. der Besuch einer ›regulären‹ Schule, eines Jungengymnasiums oder auch höherer Bildung vorenthalten wird. Insbesondere im Kontext von sogenannter ›Komplexer Behinderung‹ (Fornefeld 2008) ist dieses Beispiel nach wie vor aktuell, ebenso wie vermeintlich leistungsschwächeren Schüler*innen zumeist die Aufnahme in die Sekundarstufe II verwehrt bleibt. Co-Edukation, also der gemeinsame Unterricht von Schüler*innen unterschiedlicher Geschlechter, stellt mittlerweile die Norm dar; dies ist jedoch eine historisch vergleichsweise junge Entwicklung (siehe z. B. Biewer, Proyer & Kremsner 2019). Wenn wir nun also wieder den Blick auf das eigentliche Anliegen dieses Kapitels richten – nämlich Inklusion begrifflich zu fassen –, können wir festhalten, dass Exklusion das genaue Gegenteil von Inklusion darstellt. Die kürzeste Abgrenzung von Inklusion und Exklusion lautet dementsprechend: *Inklusion unterscheidet sich insofern von Exklusion, als sie den sozialen Ausschluss einzelner Gruppen beenden will.*

Separation definiert sich dadurch, dass eine oder mehrere Gruppen aus einem regulären System zwar ausgeschlossen sind, für sie jedoch eigene, parallel geführte (Sonder-) Systeme geschaffen werden. Dies ist beispielsweise bei Altenwohn- und Pflegeheimen der Fall, aber auch bei Camps und Heimen für geflüchtete Menschen. Die Grundlage für die Zuführung zu solchen Sondersystemen bildet abermals die Zuschreibung zu bestimmten kategorialen Merkmalen. Auf den Kontext Schule bezogen bedeutet dies, dass bestimmte Schüler*innengruppen am Regelschulbetrieb nicht teilhaben dürfen, im Gegenzug aber für sie spezialisierte Schulformen etabliert werden. Hier werden also aus je unterschiedlichen Gründen z. B. Kinder mit spezifischen Behinderungen oder Schüler*innen mit einer anderen Erstsprache als Deutsch vom uneingeschränkten Besuch des regulären Schulbetriebs ausgeschlossen. Für sie werden eigene Systeme in Form von Sonder- oder Förderschulen oder so genannten ›Deutsch(förder-)klassen‹ geschaffen.

Separierende Systeme können in baulich und räumlich strikt getrennter Form vorkommen. Dies ist z. B. dann gegeben, wenn die Sonder- bzw. Förderschule sich in einem anderen Stadtteil oder in einem Nachbargebäude befindet als die Regelschule. Allerdings ist auch die Praxis, unterschiedliche Formen der Beschulung innerhalb desselben Gebäudes durchzuführen, als separierend zu bezeichnen. Dies ist dann der Fall, wenn eine Schule z. B. Regelschulklassen, Deutsch(förder-)klassen und Sonderschulklassen parallel, ohne gemeinsamen Unterricht führt. Um Inklusion in Abgrenzung zu Separation zu definieren, können wir festhalten: *Inklusion unterscheidet sich insofern von Separation, als sie die strikte Trennung unterschiedlicher Gruppen aufheben will.*

Bei der *Integration* werden diejenigen Gruppen, die zuvor ausgeschlossen (›exkludiert‹) oder Sondersystemen zugeführt (›separiert‹) wurden, in das reguläre System hineingeholt. Allerdings – und dies ist deutlich zu betonen – verbleiben sie (wie auch bei Exklusion oder Separation) aufgrund der Zuschreibung eines bestimmten Merkmals oder einer bestimmten Eigenschaft *innerhalb* des Regelsystems in einem Sondersystem. Sie werden gleichsam zur Sondergruppe innerhalb der Regelgruppe. Im Kontext Schule bedeutet dies, dass z. B. behinderte Schüler*innen mit so genannten nicht-behinderten Schüler*innen gemeinsam in einer Klasse beschult werden. Allerdings erhalten diese ›Regelschüler*innen‹ Unterricht von einer Regelschul-Lehrkraft nach dem regulären Lehrplan, während parallel dazu und zumeist im selben Raum so genannte behinderte Schüler*innen durch eine Sonder- oder Förderschul-Lehrkraft ggf. nach einem Sonder- bzw. Förderschul-

Lehrplan unterrichtet werden. Gemeinsamer Unterricht kann hier zwar stattfinden, die Trennung in unterschiedliche Gruppen nach unterschiedlichen Lehrplänen und mit unterschiedlich zuständigen Lehrkräften bleibt aber erhalten – zumindest formal, denn sehr oft arbeiten Lehrkräfte so eng zusammen, dass nach außen hin nicht ersichtlich ist, welche Lehrkraft für welche Schüler*innen zuständig ist. Wir können festhalten: *Inklusion unterscheidet sich insofern von Integration, als Inklusion Sondersysteme innerhalb von Regelsystemen auflösen möchte.*

1.2 Inklusion (in der Schule)

Wir haben festgestellt, dass die auf kategorialen Zuschreibungen basierende strikte Trennung von Gruppen und Systemen durch Inklusion vollständig aufgelöst werden soll – und zwar auch dann, wenn diese Trennung innerhalb eines Systems durchgeführt wird, wie dies z. B. bei Integration der Fall ist. Es gibt dementsprechend weder Sondersysteme noch ein ›Regelsystem‹, denn benötigt wird ausschließlich ein einziges System, das für ausnahmslos alle zugänglich ist. *Alle* Schüler*innen werden unabhängig von kategorialen Zuschreibungen in ihrer Diversität wahrgenommen, geschätzt und gefördert.

Es erfolgt hier ein radikales Umdenken, das sich von einem in Pathologisierung, Defizitorientierung und Problematisierung verankerten Denken bewusst abwendet. Dazu notwendig ist die Abkehr vom bislang gängigen Ansatz, aufgrund vermeintlicher ›Mängel‹ nachjustieren und ausgleichen zu müssen: ›Die behinderten Schüler*innen‹ müssen dann nicht mehr *aufgrund ihrer Behinderung* gefördert werden, ebenso wenig wie die ›geflüchteten Schüler*innen‹ *aufgrund mangelnder Sprachkenntnisse* in Deutsch(förder)klassen zusammengefasst werden müssen. Stattdessen steht die Wertschätzung für die vielfältige Zusammensetzung der Gruppe im Zentrum – resultierend darin, dass (vereinfacht und plakativ dargestellt) Schülerin A von Schüler B lernt, wie man mit einem Rollstuhl gut durch ein Gebäude navigiert und im Gegenzug Schüler B die Traditionen in seiner Familie zum Weihnachtsfest beschreibt, während Schülerin C sich darum kümmert, dass Schülerin D ihren schriftlichen Wortschatz in Deutsch ausbaut, aber selbst Unterstützung im Beherrschen des pythagoräischen Lehrsatzes erhält. Unterstützt werden alle vier Schüler*innen dabei von einem Lehrenden-Team, das der gesamten Klasse zur Verfügung steht.

Als zentrales Charakteristikum von schulischer Inklusion ist also festzuhalten: *Alle* Schüler*innen sind gemeinsam zu beschulen; niemand muss ›hereingeholt‹ oder ›inkludiert‹ werden. Inklusion geht davon aus, dass wir *alle* gemeinsam eine einzige Gruppe bilden; ›zu inkludierende‹ Subgruppen entlang kategorialer Zuschreibungen gibt es in diesem Kontext nicht – ebenso wenig wie es so genannte »I-Kinder« gibt. Schulische Inklusion verlangt deshalb nach Rahmenbedingungen, die eine aktive Teilhabe und Mitgestaltung von *allen* – und zwar wirklich und ausnahmslos *allen*! – Schüler*innen ermöglichen. Alle Ressourcen dieses Systems sind dementsprechend auch für *alle* nutzbar. Dabei ist zu betonen, dass es sich nicht um ›Gleichmacherei‹ oder einen Einheitsbrei handelt, denn ein inklusives System stellt maßgeschneiderte und individualisierte Zugänge entsprechend der unterschiedlichen Bedarfe von Individuen zur Verfügung. Dies basiert aber nicht auf kategorialen Zuschreibungen wie etwa ›mangelnde Deutschkenntnisse‹ oder ›Behinderung‹, sondern nimmt den Ausgang von dem, was jedes einzelne Individuum benötigt. In der Folge bedeutet dies, dass z. B. Schüler*innen eben nicht als *Sonder*schüler*innen auf der Grundlage von zugeschriebener Behinderung etikettiert und entlang eines *Sonder*schullehrplans durch eine *Sonder*schullehrkraft unterrichtet werden. Vielmehr wird individualisierter Unterricht für *alle* Schüler*innen von *allen* Lehrkräften ohne spezifische Zuständigkeiten, ggf. aber mit spezifischen Zusatzqualifikationen zugänglich gemacht. Schule und Unterricht werden demnach völlig neu gedacht und organisiert.

Dass Integration und Inklusion nicht gleichzusetzen sind, sollte jetzt deutlich geworden sein: Inklusion unterscheidet sich grundlegend von Integration und ist keineswegs ein ›moderneres‹ Wort für Integration. Gerade weil diese Vorstellung sich aber hartnäckig zu halten scheint, wollen wir die von Annette Textor (2015, 31) erstellte prägnante Gegenüberstellung der zentralen Aspekte von Integration im Unterschied zu Inklusion zeigen:

	Integration	**Inklusion**
Perspektive	Individuumsorientiert	Systemorientiert
Ressourcenzuteilung	Ressourcen je nach Label einzelner Personen	Ressourcen für alle / für das Gesamtsystem
Lernen	Spezielle Förderung für Personen mit einem speziellen Label	Gemeinsame und individualisierte Zugänge zu allen Personen

Profes-sionen	Sonderpädagog*innen mit dem Auftrag Personen mit bestimmten Label zu betreuen	Inklusive Pädagog*innen in Zusammenarbeit mit allen anderen Lehrpersonen arbeiten mit allen Personen

Aus dieser Gegenüberstellung kann abgeleitet werden, dass sich der jeweilige Fokus der beiden Ansätze in zentralen Aspekten unterscheidet: Während Integration sich an einzelnen Schüler*innen(-gruppen) und deren Förderung orientiert, nimmt Inklusion die gesamte Klasse, ja das ganze System in den Blick. Ressourcen – auch in Form von Lehrendenteams – werden hier nicht einzelnen Personen je nach Etikett zur Verfügung gestellt, sondern kommen dem Gesamtsystem zu, das auf gemeinsame, dennoch aber individualisierte Zugänge zu *allen* und für *alle* Schüler*innen setzt. Inklusion als Weiterentwicklung von Integration zu bezeichnen, wäre also nicht weitreichend genug. Denn es sind zentrale Unterschiede zwischen den Konzepten in der Einordnung der Ursachen für Förderung und der Zuordnung von Ressourcen gegeben.

Weiters kann aus den präsentierten Überlegungen zu Inklusion abgeleitet werden, dass die Vielfalt der Bedarfe der Schüler*innen zu einem Anstieg der Qualität von Schule und Unterricht führt, da so vielschichtige, kreative und fluide Angebote zur Ermöglichung qualitätsvollen Lernens für alle Schüler*innen gesetzt werden müssen. Kinder und Jugendliche sollen und müssen an einer inklusiven Schule einen geeigneten Lernkontext vorfinden, an dem und in dem sie ihr Potential uneingeschränkt zum Ausdruck bringen können. Dafür müssen geeignete Umgebungsfaktoren geschaffen werden. Barrierefreiheit, Nutzer*innenorientierung, Offenheit, Kreativität, Flexibilität und Kollegialität sind nur einige der Schlagworte, die zur Erreichung solcher Umgebungen ernstgenommen werden müssen.

Schule als Lernort wiederum zeichnet sich dadurch aus, dass Faktoren vorherrschen, die Inklusion ermöglichen und befördern – und zwar auf allen Ebenen, die mit Schule in Verbindung gebracht werden. Das betrifft insbesondere die handelnden Individuen (also Lehrkräfte wie Schüler*innen), den Unterricht selbst, aber auch das Schulsystem und seine Administration als Ganzes, darüber hinaus auch die Ebene der Bildungspolitik und letztlich auch das gesamte demokratische und gesellschaftliche Gefüge (vgl. Reich 2017). Die Breite der beschriebenen Ebenen verweist darauf, dass inklusive Schule unweigerlich mit einem Verständnis von Inklusion einhergehen muss, das nicht auf einzelne Schulen beschränkt bleiben kann. Sowohl Lehrer*innenbildung, Schulentwicklung als auch weitreichende gesellschaftspolitische Rahmenbedingungen seien hier beispielhaft als relevant angeführt. Anders formuliert: Wenn wir davon ausgehen, dass allen Schüler*innen geeignete und vielfältige didaktische Materialien zur Verfügung stehen sollten, dann müssen diese von professionellem Personal eingesetzt (und sofern nicht anderweitig vorhanden ggf. auch entwickelt) werden. Dazu braucht es Lehrpersonen, die in geeigneten Formaten fachlich und kollegial kooperieren können, um inklusive Lernprozesse anzuleiten und zu begleiten. Dies kann nur dann gelingen, wenn entsprechende systemische Voraussetzungen und Ressourcen gegeben sind, die seitens der Schuladministration auf der Makroebene forciert, unterstützt und finanziert werden.

Um den Bogen von inklusiver Schule wieder zurück zu inklusiver Pädagogik zu spannen, können wir Folgendes festhalten: Inklusive Pädagogik geht einher mit einer Haltung(-sveränderung) sowohl von Gesellschaften und ihren Systemen als auch den darin handelnden Akteur*innen. Inklusion kann nur dann gelingen, wenn sie ernst gemeint ist und nicht z. B. ›von oben‹ aufgezwungen wird oder aber als Schlagwort kosmetische Zwecke verfolgt, weil sich ›Inklusion‹ aktuell gerade gut ›verkaufen‹ lässt. Vor allem aber bezieht sich Inklusion keineswegs nur auf eine einzelne Personengruppe (wie z. B. behinderte Menschen) oder einen einzelnen Kontext (wie die Schule), sondern stellt vielmehr den Anspruch, für *alle* Menschen in *allen* Kontexten und Feldern Geltung zu besitzen. Auf der Basis dieser grundlegenden Überlegungen verweisen wir dementsprechend auf eine Definition von inklusiver Pädagogik, die als Arbeitsdefinition für den vorliegenden Band dienen soll: »Inklusive Pädagogik bezeichnet Theorien zur Bildung, Erziehung und Entwicklung, die Etikettierungen und Klassifizierungen ablehnen, ihren Ausgang von den Rechten vulnerabler und marginalisierter Menschen nehmen, für deren Partizipation in allen Lebensbereichen plädieren und auf eine strukturelle Veränderung der regulären Institutionen zielen, um den Voraussetzungen und Bedürfnissen aller Nutzer/innen gerecht zu werden« (Biewer 2017, 204).

2 Überblick über die wichtigsten Konzepte im Kontext von Inklusion bzw. inklusiver Pädagogik

Wenn wir uns mit Inklusion beschäftigen, so ist dies nicht ohne die Auseinandersetzung mit einer Reihe von (theoretischen) Konzepten möglich, die nachfolgend skizziert und auf schulische Kontexte übertragen werden: Heterogenität (Kapitel 2.1), Diversity (Kapitel 2.2), Gleichheit vs. Verschiedenheit (Kapitel 2.3), Teilhabe und Partizipation (Kapitel 2.4) sowie Intersektionalität (Kapitel 2.5). Sie alle gehen von sozial ungleichen Lebenslagen aus und verweisen auf Strukturprobleme im Wandel der Zeit. Spätestens seit den Bildungsreformen der 1960er- und 1970er-Jahre spielen sie eine zentrale Rolle als Referenzpunkte erziehungswissenschaftlicher wie auch pädagogisch-praktischer Fragestellungen (vgl. Emmerich & Hormel 2013).

2.1 Heterogenität

Etymologisch lässt sich das Wort »Heterogenität« aus dem Griechischen ableiten. Der Begriff bedeutet ursprünglich »von ›verschiedener Abstammung, Art, Gattung‹ (griech. heteros ›anders, abweichend‹ und genos ›Geschlecht, Art, Gattung‹)« (Trautmann & Wischer 2011, 38); sein Gegenteil wird beschrieben durch Homogenität.

Heterogenität spielt in erziehungs- und bildungswissenschaftlichen Kontexten und hier insbesondere bezogen auf Schule und Unterricht eine bedeutsame Rolle, weshalb darauf im Vergleich zu den nachfolgenden Abschnitten ausführlicher eingegangen wird. Heterogenität verweist auf Verschiedenheit, Vielfalt und Unterschiede bzw. Differenzen. Dies wird sowohl bezogen auf Individuen und Gruppen als auch auf pädagogische Organisationen, die entweder heterogen sein können oder eben auf Homogenität abzielen (vgl. Trautmann & Wischer 2011; Biewer, Proyer & Kremsner 2019).

In den Auseinandersetzungen zu Heterogenität kann zwar »kein einheitliches und konsistentes Programm« (Emmerich & Hormel 2013, 149) festgemacht werden, allerdings wird tendenziell ein »vorwiegend normativ-programmatisch orientierter Diskurs« (ebd.) vorangetrieben. Konkret bedeutet dies, dass Heterogenität positiv wie negativ gewertet wird und mitsamt dieser Wertung in pädagogische Überlegungen sowohl in der Praxis als auch in der Theoriebildung einfließt. Eine solche Wertung ist – nach Sturm (2016) – das Resultat der folgenden Charakteristika von Heterogenität:

- Unterschiede und Differenzen (sie sind ja notwendiger Ausgangspunkt zur Feststellung von Heterogenität) können nur dann beschrieben werden, wenn mindestens zwei Aspekte oder Eigenschaften miteinander in Beziehung (in Relation) gesetzt werden. Dazu muss ein Maßstab gefunden und angelegt werden, um zwei Faktoren miteinander vergleichen zu können. Das Ergebnis dieses Vergleichs lautet dann entweder ›gleich‹ (homogen) oder ›ungleich‹ (heterogen). Dies ist zum Beispiel dann der Fall, wenn Schüler*innen-Leistungen miteinander verglichen werden, indem sie auf einer Notenskala eingeordnet werden. Zusammengefasst kann so also festgehalten werden, dass Heterogenität immer *relativ* ist.

- Um allerdings überhaupt vergleichen zu können, muss auf einer übergeordneten Ebene wiederum Gleichheit (also Homogenität) vorhanden sein, um davon ausgehend Verschiedenheit (Heterogenität) feststellen zu können. Die bereits genannten Schüler*innen-Leistungen können also nur dann miteinander verglichen werden, wenn es sich um eine Gruppe von Schüler*innen (und noch feiner abgeglichen: einer Gruppe gleichaltriger Schüler*innen, die dieselbe Klasse oder Schulstufe besuchen) handelt und nicht etwa z.B. um eine wilde Mischung aus Wissenschaftler*innen verschiedener Fachgebiete und Lai*innen. In der Folge bedeutet dies kurz zusammengefasst, dass Heterogenität als *Dialektik (also als Wechselspiel) von Gleichheit und Verschiedenheit* verstanden werden kann.
- Zu beachten ist außerdem, dass die Ergebnisse der vorgenommenen Vergleiche in positiv wie negativ interpretierten Bewertungen münden, die ihrerseits wiederum zu Rangordnungen (gut/besser vs. schlecht/schlechter) und Hierarchien (beste*r Schüler*in vs. schlechteste*r Schüler*in) führen. Dies ist kritisch zu reflektieren. Beachtet werden muss dabei auch, dass es sich hierbei nicht um unumstößliche und damit statische Bewertungen handelt, sondern dass sie fluide und wandelbar sind. Was heute als gut, schlecht, wichtig oder unwichtig erachtet wird, kann morgen ganz anders sein. Dies lässt sich beispielhaft (und lediglich auf zwei Geschlechter reduziert) etwa daran zeigen, dass sich die Kriterien zur Bildung

von Mädchen und Frauen in den vergangenen Jahrzehnten massiv verändert haben: Während sie noch vor wenigen Jahrzehnten vor allem hauswirtschaftlich gebildet wurden und nicht gemeinsam mit Jungen und Männern dieselbe höhere Bildung erfuhren (ein Vergleich wird damit verunmöglicht), ist es mittlerweile (zumindest theoretisch und in bestimmten Gesellschaften) selbstverständlich, dass sie in denselben Klassen (der Sekundarstufe II) oder universitären Seminargruppen sitzen wie ihr männliches Gegenüber. Es kann also festgehalten werden, dass Heterogenität *sozialen, historischen und kulturellen Rahmenbedingungen* unterliegt.

Welches sind nun pädagogisch relevante Heterogenitätsdimensionen und wie kann ihnen in Schule und Unterricht begegnet werden? Grundsätzlich besteht eine unendliche Anzahl an Merkmalen, anhand derer eine Gruppe (oder eine pädagogische Institution) als heterogen klassifiziert werden kann. Entsprechend wichtig ist es also, genau festzulegen, was gemeint ist, wenn von Heterogenität gesprochen wird. Dabei spielt allerdings nicht nur die Auswahl der Merkmale eine Rolle, sondern auch deren Beschaffenheit und Ausprägung. So können 15-jährige Schüler*innen sowohl als homogene Gruppe bezeichnet werden (weil sie ja alle 15 Jahre alt sind), aber auch als heterogene Gruppe, weil die Geburtstermine voneinander abweichen (vgl. Trautmann & Wischer 2011) – ebenso wie die Charaktereigenschaften der Jugendlichen sehr wahrscheinlich massiv divergieren werden.

Charakteristisch für die Nutzbarmachung von Heterogenitätsdimensionen in pädagogischen Kontexten ist aber, dass »›externe‹, auf Gesellschaft bezogene Kategorien mit ›internen‹, *genuin pädagogischen* Kategorien in ein Passungsverhältnis gebracht werden« (Emmerich & Hormel 2013, 108). Dies bedeutet, dass vor allem »askriptive«, also zugeschriebene und als unveränderlich geltende Merkmale ins Zentrum gerückt und mit unterschiedlichen Lernvoraussetzungen in Relation gesetzt werden. Gemeint sind damit zumeist kategoriale Zuschreibungen wie soziale Herkunft, Migration, Geschlecht, Behinderung usw., die zumeist einseitig auf nur einen einzigen Aspekt bezogen und damit tendenziell diskriminierend verwendet werden. Als Konsequenz daraus sind heterogene Lerngruppen vor allem im Pflichtschulbereich der Primar- und Sekundarstufe I anzutreffen, wo sich Schüler*innen z. B. ›mit einer anderen Erstsprache als Deutsch‹, aus ›ökonomisch schlechter gestellten Familien‹ usw. in der Regel sammeln. Das Leitkonzept höherer Schulen lässt sich ob der verschwindenden Vielfalt an Schüler*innen hingegen tendenziell als homogen beschreiben (Sturm 2016; Biewer, Proyer & Kremsner 2019).

Als konkrete Lösungsoptionen im Umgang mit Heterogenität werden Lerngruppendifferenzierung und diagnostische Verfahren angeboten. Dieser Zugang wurde infolge des ›PISA-Schocks‹ zunehmend relevanter. Allerdings ist hier kritisch darauf zu verweisen, dass es zwar sicherlich verführerisch ist, auf ›schnelle Lösungen‹ zurückzugreifen, um bessere Schüler*innen-Leistungen zu erzielen. Nicht problematisiert wird dabei allerdings, wie wir auch abseits von Schüler*innenleistungen mit sozial konstruierter Ungleichheit und Diskriminierung im Schulsystem umgehen (Emmerich & Hormel 2013, 151).

2.2 Diversity

Eine Definition von Diversity findet sich bei Walgenbach (2017, 92). Dort heißt es: »Diversity zielt auf die Wertschätzung sozialer Gruppenmerkmale bzw. -identitäten für Organisationen. Diversity-Merkmale werden als *positive Ressource* für Bildungsorganisationen gesehen. Die Vielfalt der Organisationsmitglieder erhält somit Anerkennung. Das pädagogische Ziel ist der *positive Umgang* mit Diversity sowie die Entwicklung von Diversity-Kompetenzen.«

Sturm (2016) zufolge hat sich Diversity sowohl als Begriff als auch als Konzept vor allem in den Betriebs- und Wirtschaftswissenschaften entwickelt und erst langsam Bedeutung für die Pädagogik erlangt. Belegt werden kann das u. a. daran, dass viele (große) Unternehmen und Institutionen mittlerweile eigens gegründete Abteilungen für Diversitätsmanagement eingerichtet haben. Dabei handelt es sich um »ein Prinzip der Unternehmensführung, das Differenzen zwischen Menschen als Stärke und die Berücksichtigung von Unterschieden als Schlüssel zum unternehmerischen Erfolg betrachten« (Mecheril 2007, o. S.). Ziel ist die Steigerung von Effektivität, Produktivität und Profitmaximierung. Insbesondere in den USA und in Kanada – bei beiden handelt es sich um traditionelle ›Einwanderungsländer‹ – wurde Diversity gleichermaßen sowohl als Potential für Bildung und Erziehung genutzt als auch als Anti-Diskriminierungsstrategie verstanden und erhält so eine potentiell positiv besetzte Konnotation (vgl. auch Biewer, Proyer & Kremsner 2019).

In der deutschsprachigen Erziehungswissenschaft wird der Begriff seit den 1990er Jahren verwendet. Hirschberg &

Köbsell (2016) konstatieren, dass Diversity insbesondere der Herstellung von Chancengleichheit dient und gerechte (Bildungs-)Chancen anstrebt. Dies sei notwendig, weil gesellschaftliche Ungleichheitsprozesse zu einer (konstruierten!) Trennung zwischen ›normalen‹ Vertreter*innen der Mehrheitsgesellschaft und so genannten ›Anderen‹ führten. Die daraus resultierende »Hierarchisierung unterschiedlicher Personengruppen spiegelt die gesellschaftlichen Machtverhältnisse wider, in denen sich Mitglieder westlicher Gesellschaften bewegen und entwickeln« (ebd., 562). Der managementorientierte Charakter von Diversity bleibt jedoch insofern erhalten, als sich mit ›Diversity Education‹ nicht nur neue Lehr-Lern-Konzepte zum Umgang mit heterogenen Lernenden etablieren, sondern auch ein Weiterbildungsmarkt für (auch schulbezogene) Diversity-Trainings, diversitätsorientierte Beratung, Diversity Coaching oder Diversity Mentoring entsteht (Smykalla 2014). Dabei droht allerdings – angesichts des Ursprungs des Konzepts wenig überraschend – die Gefahr, dass Diversity als Konzept vermarktet und verkauft wird (ähnlich wie dies gegenwärtig teilweise auch in der Debatte um Integration und Inklusion der Fall ist). Das muss gerade in Bildungskontexten als problematisch eingeschätzt werden. Denn solche ›bunten Werbebilder‹ zugunsten von Diversität suggerieren, dass alles in bester Ordnung sei, wenn wir nur unsere (kategorial) vielfältigen Potentiale nutzbar zu machen wüssten – und genau dadurch geraten diejenigen Personen aus dem Blick, die eben wegen jener kategorialen Zuschreibungen massive Formen der (intersektionalen, siehe Abschnitt 2.5) Ausgrenzung oder eben auch Diskriminierung erfahren.

2.3 Gleichheit vs. Verschiedenheit

Die Dialektik – also das Wechselspiel – von Gleichheit und Verschiedenheit soll nun noch einmal genauer betrachtet werden, weil es zentrale Konzepte für *jede* Form von Schule und Unterricht berührt. Im Abschnitt 2.1 (Heterogenität) wurde bezogen auf Sturm (2016) bereits angedeutet, dass beide Begriffe aufeinander bezogen sind, also Gleichheit nie ohne Verschiedenheit gedacht werden kann und vice versa. Annedore Prengel hat in ihrer *Pädagogik der Vielfalt* (1993) nun eine Reihe wesentlicher Merkmale und Anregungen in der Auseinandersetzung mit Gleichheit und Verschiedenheit herausgearbeitet:

- Immer wenn von Gleichheit oder Verschiedenheit gesprochen wird, kann nie von einzelnen Personen oder Sachen die Rede sein, denn es werden immer Beziehungen *zwischen* Personen oder Sachen adressiert, die sich auf irgendeine Weise voneinander unterscheiden. So kann z. B. als Vergleich von Personen nur eine Gruppe von Schüler*innen miteinander verglichen werden oder aber als Vergleich von Sachen die Testergebnisse einer Schülerin über mehrere Tests hinweg.
- Gleichheit gilt immer nur partiell, d. h., die verglichenen Sachen oder Personen sind einander in einzelnen Aspekten gleich, in vielen anderen jedoch verschieden. Wären sie vollständig gleich, würden wir nicht von gleichen, sondern von ›identen‹ Dingen oder Personen sprechen. Es werden hier also nicht Schüler*innen als Ganzes miteinander verglichen, sondern lediglich z. B. deren Abschneiden in einem spezifischen Unterrichtsfach zu einem gegebenen Zeitpunkt.

- Verschiedenheit spricht grundsätzlich *qualitative* Differenzen an. *Quantitative* Unterschiede adressieren eher Ungleichheiten (und eben nicht Verschiedenheit). Bezogen auf Schule und Unterricht bedeutet dies zum Beispiel, dass Schüler*innen sich in ihren Schulleistungen oder auch in den Bedürfnissen unterscheiden, die sie bezüglich bestmöglichen Lernens haben und die sie verschieden machen (= qualitative Differenzen). Nicht angesprochen werden dadurch quantitativ messbare Größen wie z. B. die ökonomische Ausstattung der Familien von Schüler*innen, deren Geschlecht, deren Erstsprache oder Herkunft usw. – hierin sind Schüler*innen eben nicht verschieden, sondern ungleich.

Die gesellschaftliche (und in weiterer Folge pädagogische) Bedeutung von Gleichheit und Verschiedenheit liegt laut Prengel (1993) vor allem darin, dass aus Unterschieden Rangordnungen zwischen Menschen gebildet werden. Dies steht in Widerspruch zu demokratischem Denken, das hierarchieauflösende, universelle Gleichheit für *alle* (und eben nicht für einzelne Gruppen) impliziert. Damit eng verwandt ist die Forderung nach ›radikaler Pluralität‹, die sich aus der »unhintergehbaren Eigenart differenter Lebensweisen und Wissens- und Denkformen« (ebd., 49) bildet und die jede in ihrer Eigenart wertgeschätzt werden soll. Spätestens mit der Forderung nach der (radikalen) Wertschätzung von Unterschieden wird der explizit pädagogische Auftrag unübersehbar, der aus der kritischen Auseinandersetzung mit Gleichheit und Verschiedenheit resultiert und in der täglichen schulischen Arbeit unbedingt Berücksichtigung finden sollte. Dies ist ein wesentlicher Schlüssel, um zu verhindern, dass Verschiedenheiten zu (sozialen) Ungleichheiten werden.

2.4 Teilhabe und Partizipation

Partizipation und Teilhabe sind nicht nur Schlagworte, die in pädagogischen Kontexten gut klingen, sondern sind in menschenrechtlichen Verträgen als Rechte verankert, die (auch) in Schule und Unterricht ernstgenommen und vermittelt werden müssen. Das ›Recht auf Beteiligung‹ ist etwa in der UN-Kinderrechtskonvention (UN-KRK, UN 1989) detailliert geregelt, während die UN-Behindertenrechtskonvention (UN-BRK, UN 2006) dezidiert das ›Recht auf Teilhabe‹ einräumt.

Flieger (2017, 179) folgend bedeutet Partizipation »wesentlich mehr als bloßes Mitmachen oder Dabeisein im Alltag, denn es geht um effektive Einflussnahme, Mitbestimmung und Entscheidungsmacht in der Gesellschaft«. Um allen Menschen und insbesondere Kindern und Jugendlichen in der Schule ›echte‹ Partizipationsmöglichkeiten bieten zu können, müssen entsprechende Formate angeboten und implementiert werden, die Mitsprache zulassen und ernst nehmen. Diese müssen allerdings, um tatsächlich allen Schüler*innen offenzustehen, umfassend barrierefrei gestaltet sein. Konkret bedeutet dies, dass nicht nur bauliche und ausstattungsbezogene Aspekte berücksichtigt werden müssen, sondern Partizipationsformate z. B. auch sprachlich so gestaltet sind, dass alle zu Wort kommen können. Dies kann etwa über die Nutzung von (gedolmetschten) Erstsprachen einschließlich Unterstützter Kommunikation, Leichter Sprache oder Gebärdensprache gewährleistet werden. Vor allem aber bedeutet Partizipation, dass *alle* auch anwesend sind, um sich einbringen und in den Austausch gehen zu können – und dies ist nur dann möglich, wenn Schüler*innen gemeinsam anstatt in separierten Systemen unterrichtet werden.

Zur Steigerung von Partizipation und Teilhabe an Schule und Unterricht können Anleihen aus der ›demokratischen Bildung‹ genommen werden, die z.B. Hinz und Boban (2019) auch mit inklusiver Pädagogik verschränken. Lehrpersonen und insbesondere Klassenlehrer*innen können unmittelbar zu einem höheren Grad an Partizipation im Unterricht beitragen, indem sie sich selbst als ›Lernbegleiter*innen‹ verstehen, deren Verantwortung es ist, »Lern- und Handlungsräume so zu gestalten, dass Kinder und Jugendliche selbst Verantwortung für die sie betreffenden Belange übernehmen können – ohne sie dabei zu überfordern« (Kaletsch & Rech 2015, 54).

2.5 Intersektionalität

Der Begriff »Intersektionalität« wurde maßgeblich durch die Juristin Kimberlé Crenshaw geprägt. Ihr Ausgangspunkt war die Auseinandersetzung mit der Situation von Women of Colour, die sowohl als Frauen wie auch als People of Colour diskriminiert wurden und werden (Crenshaw 1989). Entsprechend beschreibt Intersektionalität »das simultane Auftreten und Zusammenwirken verschiedener, miteinander verwobener, ungleichheitsrelevanter Kategorien in der Gesellschaft« (Baldin 2017, 145). Grundsätzlich können alle gesellschaftlich hervorgebrachten kategorialen Zuschreibungen ineinanderwirken. Konkret bedeutet dies, dass etwa queere Personen gleichzeitig auch aufgrund ihres Fluchthintergrundes eine andere Erstsprache als Deutsch haben können und deswegen in Bildungs- oder Arbeitskontexten (auch ökonomisch!) benachteiligt werden. Das heißt, die kategorialen Zuschreibungen spannen sich an diesem Beispiel zumindest entlang von ›sexueller Identität‹ (Kategorie 1), ›Fluchthintergrund‹ (Kategorie 2) und ›andere Erstsprache als Deutsch‹ (Kategorie 3) sowie ›sozialer Klasse‹ (Kategorie 4) auf.

Wesentlich ist der Hinweis, dass es nicht ausreicht, einzelne kategoriale Zuschreibungen (z. B. ›Geschlecht‹ als Unterdrückungsdimension) isoliert zu betrachten und antidiskriminierende Maßnahmen zu setzen. Ebenso wenig sinnvoll ist es, mehrere solcher Kategorien bloß aufzusummieren (z. B. ›Geschlecht‹ + ›Behinderung‹ + ›Ethnizität‹), um Unterdrückungserfahrungen sichtbar oder gar analysierbar zu machen, denn auch hier gilt, dass die Summe weit mehr ist als ihre einzelnen Teile. Im Kontext von Intersektionalität muss man nämlich davon ausgehen, dass »Diskriminierungsformen sich nicht verdoppeln, sondern andere Formen der Diskriminierung hervorbringen. Das heißt: Man wird nicht als Mädchen plus als Behinderte diskriminiert, sondern als behindertes Mädchen« (Walgenbach & Pfahl 2017, 143). Einseitige Perspektiven auf Schüler*innen (z. B. auf ›Integrationskinder‹, auf ›Schüler*innen mit einer anderen Erstsprache als Deutsch‹ oder auf ›leistungsschwache Schüler*innen‹), ohne dabei weitere kategoriale Zuschreibungen in den Blick zu nehmen, sind allerdings leider die Regel. Deshalb ist es sehr wichtig, dass

Lehrkräfte intersektionales Zusammenwirken von Unterdrückungs- bzw. Diskriminierungserfahrungen als solches erkennen. Darauf aufbauend können sie davon betroffene Schüler*innen in ihrer Gesamtsituation wahrnehmen, um entsprechend wertschätzend und empathisch auf diese zugehen zu können und sie zu stärken.

3 Heterogenitätsdimensionen als soziale Konstruktionen

Im Kapitel 2 wurden unterschiedliche Heterogenitätsdimensionen bereits angesprochen, also Aspekte, in denen sich Menschen unterscheiden. Dies soll nun genauer betrachtet werden: Was ist eine Heterogenitätsdimension? Und warum werden diese als soziale Konstruktionen beschrieben? Heterogenitätsdimensionen sind kategoriale Zuschreibungen. Diese werden von der Gesellschaft hervorgebracht und bezeichnen einzelne (vermeintliche) ›Merkmale‹ von Individuen, die von vielen geteilt werden. In weiterer Folge werden sie zu Gruppen entlang spezifischer, zumeist einseitig wahrgenommener Kategorien zusammengeschlossen (z. B. behinderte Menschen, armutsgefährdete Menschen, People of Colour usw.). Solcherlei Dispositionen werden – im Anschluss an Mecheril & Vorrink (2023) – in ihrer Entstehung mit hierarchisierten gesellschaftlichen Verhältnissen in Zusammenhang gebracht. Das bedeutet, dass diese soziale Ungleichheit bedingen können. Sie rücken deshalb ins Zentrum der Auseinandersetzung mit Fragen nach sozialer Ungleichheit.

Weil diese Zuschreibungen allerdings von außen kommen, ist darauf hinzuweisen, dass diese zumeist lediglich angenommen werden und somit keineswegs als gegebenes Faktum existieren. Wir teilen zum Beispiel sehr schnell Menschen, auf die wir treffen, nach Geschlecht ein. Dabei bedienen wir uns üblicherweise lediglich der Binarität männlich und weiblich (also ohne Berücksichtigung der vielfältigen weiteren Geschlechtskonstruktionen und -identitäten). Zumeist stellen wir auch keineswegs in Frage, dass wir es tatsächlich mit einer Frau bzw. einem Mädchen oder aber einem Mann bzw. einem Jungen zu tun haben.

Die Wirkmächtigkeit von Zuschreibungen lässt sich auch an einem anderen Beispiel besonders deutlich erkennen: Als 2012 der (äußerst prominente) Fußballer David Alaba von einem österreichischen Politiker gefragt wurde: »How do you do?«, antwortete dieser: »Danke, gut. Sie können ruhig Deutsch mit mir reden, ich bin Österreicher.« Alaba teilt hier die Erfahrung wohl unzähliger Personen, denen aufgrund ihrer Hautfarbe zugeschrieben wird, nicht Deutsch zu sprechen – was allzu oft in die Anrede auf Englisch, in besonders einfache und langsam gesprochene Sätze oder in komplette Vermeidung des Kontakts mündet. Dabei werden People of Colour lediglich aufgrund äußerer Merkmale immer und immer wieder von außen zu ›Anderen‹ gemacht, ohne selbst etwas zur Situation beizutragen. Allerdings tragen ausschließlich sie die Konsequenzen, wenn sie deshalb abgewertet werden oder – wie am angeführten Beispiel deutlich wird – sozialen Ausschluss erfahren, weil davon ausgegangen wird, dass sie gar nicht erst eingeschlossen sein können.

Diese und ähnliche Beispiele lassen sich bei vielen gesellschaftlich konstruierten Gruppen zeigen. Welche Gruppen es sind, kann nicht abschließend mittels eines fest bestehenden Kanons bestimmt werden; am häufigsten werden jedoch *soziale Klasse/Schicht/Milieu*, *Migration*, *Geschlecht* und seltener auch *Behinderung* als ›klassische‹ Heterogenitätsdimensionen angeführt (Walgenbach 2017). Um zu zeigen, wie weit das Spektrum der Heterogenitätsdimensionen sein kann, führen wir die bei Leiprecht & Lutz (2006) zu findenden Differenzlinien an, die allerdings ebenfalls keinen Anspruch auf Vollständigkeit erheben:

- Geschlecht
- Sexualität (sexuelle Orientierung)
- Hautfarbe
- Ethnizität
- Nation/Staat
- Klasse/Sozialstatus
- Religion
- Sprache
- Kultur
- Gesundheit/Behinderung
- Generation
- Sesshaftigkeit/Herkunft
- Besitz
- Nord-Süd/West-Ost
- Gesellschaftlicher Entwicklungsstand

Wenn wir die Diskussion um Heterogenitätsdimensionen nun auf Schule und Unterricht übertragen, lassen sich – mit Annedore Prengel (1993, 11) – »vor allem drei unabhängig voneinander arbeitende ›pädagogische Bewegungen‹ [ausmachen], die die Verschiedenheit von Kindern und Jugendlichen aufs Neue thematisiert haben«:

- die *interkulturelle Pädagogik*, die einen verschiedene ›Kulturen‹, ›Herkunftsländer‹, ›Sprachen‹ oder auch ›Religionen‹ wertschätzenden Beitrag leisten möchte
- die *feministische Pädagogik*, die auf die Neugestaltung

der Geschlechterverhältnisse, mit einem Fokus auf Frauen und Mädchen, abzielt
- die *integrative Pädagogik*, die sich als Einsatz zur Nichtaussonderung behinderter Menschen versteht

Dabei fällt auf, dass hier explizit *nicht* die Rede von inklusiver Pädagogik ist. Das liegt einerseits daran, dass im Erscheinungsjahr der Prengel'schen *Pädagogik der Vielfalt* der Terminus Inklusion in der deutschsprachigen Erziehungswissenschaft noch nicht sehr verbreitet war. Andererseits verweist dieser Aspekt auf ein zentrales Argument, das auch in diesem Band bereits angeklungen ist: Inklusion lässt sich eben nicht ausschließlich auf einzelne Personengruppen (wie hier behinderte Menschen) beziehen. Sie muss für alle – immer und ausnahmslos – gelten.

Für Lehrpersonen ist die Auseinandersetzung mit sozial konstruierten Heterogenitätsdimensionen insofern relevant, als diese unmittelbar (und zumeist negativ) auf das Abschneiden in formalen Bildungsabläufen einwirken. Entsprechend werden oft spezifische Fördermaßnahmen erarbeitet, die z. B. migrierten bzw. geflüchteten, behinderten oder auch ökonomisch schlechter gestellten Schüler*innen ›exklusiv‹ angeboten werden (Mecheril & Vorrink in Dirim & Mecheril 2018). Nicht mitgedacht wird bei solcherlei Maßnahmen, dass Schule und Unterricht einen wesentlichen Beitrag dazu leisten, dass sich derartige kategoriale Zuschreibungen (gerade durch solche spezifischen Maßnahmen) reproduzieren. Entsprechend wichtig ist es, nicht nur vereinzelte Maßnahmen zu setzen, sondern zugunsten »radikaler Pluralität« (Prengel 1993) ernsthaft über langfristige und nachhaltige Veränderungen im gesamten Schulsystem nachzudenken.

Wenn wir uns dennoch auf die Diskussion einer Auswahl an näher zu betrachtenden Heterogenitätsdimensionen beschränken, so sind diese lediglich als kleiner Ausschnitt eines tatsächlich unendlichen Spektrums an möglichen Konstellationen zu verstehen. Um einer Einführung in die Thematik gerecht zu werden, haben wir uns für einige (oben bereits genannte) ›Klassiker‹ entschieden: Im Kapitel 3.1 wird die Konstruktion von *Behinderung* zum Thema gemacht, darauf folgt die Auseinandersetzung mit *Geschlecht bzw. Gender* (Kapitel 3.2). *Kultur*, *Migration* und *Flucht* werden als kategoriale Zuschreibungen im Kapitel 3.3 beleuchtet. Das Kapitel 3.4 widmet sich schließlich der Konstruktion von *sozialer Klasse* bzw. *sozio-ökonomischem Milieu*. Im Kapitel 3.5 rücken *(Schul-)Leistungen* als diejenigen kategorialen Zuschreibungen ins Zentrum, die nur auf den ersten Blick ausschließlich schulische Relevanz besitzen (und die gleichermaßen Gesellschaft konstituieren, wie zu zeigen sein wird).

3.1 Zur Konstruktion von Behinderung

Die Heterogenitätsdimension ›Behinderung‹ stellen wir an den Anfang unserer Überlegungen, weil diese den ursprünglichen Dreh- und Angelpunkt in den Auseinandersetzungen zu Inklusion bildet (wie in der Einleitung zu diesem Buch bereits erörtert). In unseren Überlegungen spielen insbesondere diejenigen Aspekte eine zentrale Rolle, die von behinderten Menschen selbst eingebracht werden. Wir beziehen uns also vor allem auf Behindertenbewegungen (im deutschsprachigen Raum), ihre Organisationen (die sogenannten DPOs / Disabled People's Organisations) sowie Erkenntnisse aus den Dis/Ability Studies, d. h. dem »akademischen Flügel« (Thomas 2004, 581) der Behindertenbewegung in Forschung und Lehre.

Bereits seit den späten 1960er Jahren kämpfen behinderte Menschen (und ihre Verbündeten) dafür, nicht weiter fremdbestimmt und abgewertet zu werden, sondern als das anerkannt zu werden, was sie sind: Bürger*innen unserer Gesellschaft, mit denselben Rechten und Pflichten, die alle anderen auch haben – und zwar völlig unabhängig davon, welche Form von Behinderung einer Person zugeschrieben wird (siehe hierzu z. B. Brehme, Fuchs, Köbsell & Wesselmann 2020). Die wichtigsten Leitsätze der Behindertenbewegung lauten:

»*Nichts über uns ohne uns*!«: Dieses Credo verdeutlicht, dass nicht länger *über* behinderte Menschen gesprochen oder über ihre Köpfe hinweg entschieden werden soll, sondern mit ihnen gemeinsam. Das gilt auch für die akademische Wissensproduktion, die Lehrer*innenbildung und die (schulische) Pädagogik, in der behinderte Menschen endlich völlig selbstverständlich als aktiv handelnde Personen (z. B. als Regelschüler*innen, als Lehrer*innen bzw. Direktor*innen und als Wissenschaftler*innen) anerkannt werden müssen. Hier lässt sich eine der vielen Wurzeln der Forderung nach vollständiger Inklusion finden, die selbstverständlich auch im Schulbereich gilt und die Auflösung sämtlicher durch direkte oder indirekte Zwänge bestehende Sonderformen nach sich zieht.

»*Wir sind nicht behindert, wir werden behindert!*« ist gleichsam die kürzeste Zusammenfassung des sogenannten ›sozialen Modells von Behinderung‹. Hier wird darauf aufmerksam gemacht, dass Behinderung durch gesellschaftliche Barrieren entsteht und entsprechend die Gesellschaft in der Verantwortung steht, diese zu beseitigen. Diesem Ansatz folgend *sind* Menschen also nicht behindert oder *haben* eine Behinderung, sondern sie *werden* behindert, weil sie von außen in ihrer vollen Teilhabe an der Gesellschaft beschnitten werden. Gleichzeitig wird damit die »traditionell dominierende medizinisch-(heil- und sonder-)pädagogische Perspektive, nach der Behinderung als schicksalhaftes, persönliches Unglück gilt, das individuell zu bewältigen ist, [...] radikal in Frage gestellt und kategorisch zurückgewiesen« (Brehme, Fuchs, Köbsell & Wesselmann 2020, 9). Behinderung wird hier zu einer Heterogenitätsdimension, die explizit Unterdrückungserfahrungen aufgrund von zugeschriebener Behinderung zum Ausdruck bringt. Dieser Ansatz wird in den Behindertenbewegungen von Anfang an vertreten und wurde spätestens mit den *Fundamental Principles of Disability* der Union of the Physically Impaired Against Segregation bereits im Jahre 1975 verschriftlicht (UPIAS 1975).

Aus dieser ersten, groben Einführung lässt sich nun also bereits erahnen, was unter ›Behinderung‹ verstanden werden kann. Um dies eindeutig zu fassen, muss der Unterschied zwischen ›Behinderung‹ und ›Beeinträchtigung‹ geklärt werden:

Beeinträchtigung bezeichnet eine organisch bedingte Schädigung. Dies ist z. B. dann der Fall, wenn das Rückenmark an einer bestimmten Stelle der Wirbelsäule durchtrennt ist, eine Gliedmaße fehlt oder aber die Bauchspeicheldrüse kein bzw. zu wenig Insulin produziert. Infolge einer Beeinträchtigung benötigen betroffene Personen spezifische Maßnahmen, die sie dabei unterstützen, ihren Alltag in der Gesellschaft zu gestalten. Dies kann durch Medikamente und Therapien, durch Unterstützungspersonen, durch Hilfsmittel, aber auch durch den öffentlichen und sozialen Raum im Sinne der Herstellung von u. a. baulicher, sprachlicher, rechtlicher, administrativer und einstellungsbedingter, also vorurteilsfreier Barrierefreiheit gewährleistet werden. Aber: Organische Schädigungen – Beeinträchtigungen – werden im deutschsprachigen Raum in der Regel über den so genannten ICD-Code (*International Classification of Diseases* der WHO, aktuell am Übergang zwischen der 10. und der 11. Version) zum Ausdruck gebracht. Dabei handelt es sich um ein ausschließlich medizinisch bzw. psychologisch ausgerichtetes Diagnosemanual, das lediglich am Individuum anzusiedelnde Maßnahmen nach sich zieht (zum Beispiel Medikamente und Therapien, ›Pflegestufen‹, aber auch spezifische ›Sonderlehrpläne‹, nach denen Schüler*innen unterrichtet werden). Dieser Zugang spielt auch in der Sonder- bzw. Heilpädagogik eine große Rolle. Die ausschließliche Reduktion auf Beeinträchtigung wird von behinderten Menschen als ›medizinisches bzw. individualistisches Modell von Behinderung‹ zusammengefasst und aufgrund ihrer Einseitigkeit sowie mitunter auch Entmenschlichung (sichtbar z. B. in Formulierungen wie ›die I-Kinder‹, die ›Rollifahrer*innen‹ etc.) massiv kritisiert.

Behinderung wiederum resultiert aus den sozialen, materiellen, kulturellen, ökonomischen, umweltbedingten u. a. Barrieren, die eine Beeinträchtigung nach sich zieht. Hier wird also von außen behindert, wer zum Beispiel (aber nicht ausschließlich) mit einer Beeinträchtigung lebt. Dieser Ansatz manifestiert sich, wie oben bereits angedeutet, u.a. im so genannten ›sozialen Modell von Behinderung‹. Hierbei handelt es sich um das erste einer ganzen Reihe von Behinderungsmodellen, die als Kritik am medizinischen/individualistischen Ansatz im Kontext der Dis/Ability Studies entwickelt wurden (siehe hierzu z.B. Waldschmidt 2020). In den vergangenen Jahren findet vermehrt auch der Ansatz Berücksichtigung, Behinderung als Folge einer neoliberalisierten Leistungsgesellschaft zu verstehen, in der all jene behindert werden, denen Leistungsfähigkeiten (*abilities*) abgesprochen werden (zur Einführung siehe z.B. Buchner, Pfahl & Traue 2015). In der englischen Vokabel für Behinderung – dis*ability* – lässt sich diese Tendenz auch sprachlich anzeigen; die Schreibweise ›Dis/Ability Studies‹ verweist darauf explizit.

Ein weiteres Behinderungsmodell – das so genannte ›bio-psycho-soziale Modell‹ – findet sich in der ICF, der *International Classification of Functioning, Disability and Health.* Wie der ICD-Code von der Weltgesundheitsorganisation (WHO) herausgegeben, stellt dieses Manual den Versuch dar, divergierende, Behinderung konstituierende Aspekte abzubilden und einzuschätzen. Konkret werden die folgenden, im Manual hochgradig ausdifferenzierten Komponenten in das (übrigens auch unabhängig von Beeinträchtigung anzuwendende) Assessment mit einbezogen: Körperfunktionen und Körperstrukturen, Aktivität, Partizipation/Teilhabe, Umweltfaktoren und personenbezogene Faktoren (WHO 2005). Eine explizit für Kinder und Jugendliche zugeschnittene Version ist die 2007 veröffentlichte ICF-CY (*Children and Youth*). Aufgrund der Berücksichtigung einer Fülle an Aspekten ließe sich insbesondere die ICF-CY auch in schulischen und pädagogischen Kontexten, z. B. im Rahmen der Förderdiagnostik, anwenden. Mit Ausnahme der Schweiz spielt dies im deutschsprachigen Raum aber – mit minimal steigender Tendenz – bislang kaum eine Rolle (Biewer, Proyer & Kremsner 2019). Auch die ICF wird von den Behindertenbewegungen und DPOs massiv kritisiert, weil sie nicht ohne quantitativ-statistische (und damit hierarchisierbare) Berechnungen auskommt, durch die Menschen potentiell in kategorial zusammengeschlossene und vor allem gewertete Gruppen einsortiert werden (eine umfassende kritische Einordnung findet sich z. B. bei Bickenbach 2012).

Die Auseinandersetzung mit der Konstruktion von Behinderung ist für den Kontext von Schule und Unterricht von zentraler Relevanz. Es gibt eine ganze Reihe an Studien und Publikationen, die herausarbeiten, wie das im deutschsprachigen Raum verbreitete mehrgliedrige Schulsystem *behindert*. Beispielhaft angeführt sei hier die Studie *Techniken der Behinderung* (Pfahl 2011), die aufzeigt, inwiefern ›Lernbehinderung‹ durch das deutsche Schulsystem hervorgebracht wird (und sich entsprechend auf die Bildungs- wie auch Berufsbiographien der dadurch adressierten Personen auswirkt). Ebenfalls angeführt werden kann die Studie *Die ADHS der Sonderpädagogik* (Haas 2021), die am Beispiel des Phänomens ADHS analysiert, wie ›nicht-normales‹ Verhalten in der (Sonder-)Pädagogik kategorial konstruiert wird. Die aus diesen und ähnlichen Studien gewonnenen Ergebnisse zeigen, dass auf dem Weg zur inklusiven Pädagogik nicht nur unmittelbar umzusetzende Hands-on-Praktiken zu entwickeln sind, sondern auch Strukturen und Institutionen grundlegend hinterfragt werden müssen.

3.2 Zur Konstruktion von Geschlecht bzw. Gender

Wir gehen grundsätzlich davon aus, dass Geschlecht sozial, kulturell usw. konstruiert ist. Dies steht in deutlichem Widerspruch zu dem, was Villa (2007, 20) »*common sense* zur Zweigeschlechtlichkeit« nennt, dass nämlich der überwiegende Teil der Menschen »davon ausgeht, dass es

- zwei und nur zwei Geschlechter gibt
- dass diese zwei Geschlechter biologisch (natürlicherweise) gegeben sind und sich im Laufe des Lebens niemals ändern
- dass alle Personen ausnahmslos natürlicherweise einem Geschlecht angehören
- und dass schließlich die Genitalien als der objektive Beweis eines Geschlechts gelten.«

Warum aber ist dieser *common sense* problematisch und grundständig zu kritisieren? Hierzu ist zunächst festzustellen, dass auch vermeintlich biologisch feststehende ›Tatsachen‹ durchaus veränderlich sind und sich historisch auch tatsächlich gewandelt haben. Mecheril & Thoma beschreiben in Dirim & Mecheril et al. (2018), dass noch im 18./19. Jahrhundert Geschlechter an bestimmten Orten im Körper festgelegt wurden (etwa Brust, Eierstöcke, Gebärmutter, Penis). Dieser ausschließlich lokalisierende Zugang wurde später jedoch zugunsten der Feststellung von eindeutig weiblichen bzw. männlichen Hormonen, die im gesamten Körper anzutreffen sind, aufgegeben. Heute wird naturwissenschaftlich sogar zwischen vier Ebenen des Körpergeschlechts unterschieden, die sich wie folgt beschreiben lassen:

- »das genetische/chromosomale Geschlecht (unterschiedliche Chromosomensätze xx und xy)
- das gonadale/Keimdrüsengeschlecht (Ovarien und Hoden)
- das hormonelle Geschlecht (Konzentration an Hormonen) und das
- morphologische Geschlecht (äußere und innere Geschlechtsmerkmale)« (ebd., 113)

Derlei naturwissenschaftliche Zugänge reduzieren trotz deutlicher Differenzierung in den vergangenen Jahrhunderten und Jahrzehnten Geschlecht dennoch ausschließlich auf körperliche Aspekte. Demzufolge sei es z. B. die körperliche Ausstattung, die Jungen und Männer größere Kraft zugestehe, während etwa die ›Emotionalität‹ von Frauen (auch) durch die hormonell bedingten zyklischen Schwankungen erklärbar sei. Körperliche Merkmale werden hier also mit Geschlechtlichkeit gleichgesetzt, weshalb in der feministischen Theorie solche Zugänge als *Geschlecht sein* zusammengefasst werden (Thon 2017).

Geschlecht werden wiederum bezeichnet die soziale Konstruktion von Geschlecht. Sie wird erstmals 1949 (in der französischen Originalausgabe) von Simone de Beauvoir benannt und kann in kurzer und prägnanter Weise so beschrieben werden: »Man kommt nicht als Frau zur Welt, man wird es« (de Beauvoir 1951, 265). Aber auch eine andere Theoretikerin ist zentral für die Auseinandersetzung mit der sozialen Konstruktion von Geschlecht: Judith Butler veröffentlichte 1990 (in der englischen Originalausgabe) bzw. 2003 (in der deutschen Übersetzung) ihr Werk *Das Unbehagen der Geschlechter.* Mit explizitem Bezug zu Simone de Beauvoir analysiert sie hierin die dichotome Einteilung von Menschen in ›männlich‹ und ›weiblich‹ und arbeitet heraus, dass vermeintlich natürlich gegebene biologische ›Tatsachen‹ zum Vorwand genommen werden, um Macht- und Herrschaftsverhältnisse zu stabilisieren (Butler 2003).

Ausgehend von den Polen *Geschlecht sein* und *Geschlecht werden* kann nun eine Unterscheidung vorgenommen werden, die nicht nur in der feministischen Theorie eine bedeutende Rolle spielt, sondern sich auch weit darüber hinaus, z. B. in internationalen Policies und Gremien wie etwa der Welt-Gesundheitsorganisation (WHO), wiederfindet: Es handelt sich um die Differenzierung zwischen *sex* und *gender*. Während wir im Deutschen nur den Begriff ›Geschlecht‹ kennen, lassen sich die unterschiedlichen Ebenen im Englischen bereits terminologisch voneinander unterscheiden. Entsprechend wenig überrascht es, wenn diese Unterscheidung auch im deutschsprachigen Diskurs unter Verwendung der englischsprachigen Begriffe Eingang gefunden hat. Für unsere nachfolgende Darstellung beziehen wir uns auf Sturm (2016), die drei verschiedene Ebenen von Geschlecht benennt:

- *Sex* nimmt ausschließlich biologische Merkmale in den Blick, wenn Geschlecht definiert werden soll (etwa anhand von Chromosomen oder Genitalien). Entscheidungen, die entlang dieser Bezugsgröße vorgenommen werden, differenzieren zwischen ›männlich‹ und ›weiblich‹. Dieser insbesondere auch im Alltagsverständnis geteilte Zugang geht davon aus, dass Geschlecht natürlich und eindeutig gegeben sei sowie mit bestimmten Verhaltensweisen und Eigenschaften einhergehe.

- *Sex category* bezeichnet die Anwendung der Kategorie *Sex* im Alltag. Hier wird vom Aussehen auf das – von außen im Übrigen nicht eindeutig erkennbare – biologische Geschlecht (*sex*) geschlossen. Entsprechend wird eine Person aufgrund ihrer Kleidung, Frisur, des Schmucks oder der (Gesichts-)Behaarung als männlich oder weiblich gelesen. Tatsächlich aber ist eine Korrespondenz zwischen *sex* und *sex category* nicht zwingend gegeben.
- *Gender* wiederum bezeichnet die Praxis der Herstellung von Geschlecht. Es zeigt sich in der täglichen Lebensführung und in den Praktiken, mit denen der Alltag bestritten wird. Gender basiert auf Vorstellungen von ›geschlechtsadäquatem‹ Verhalten, die von außen an eine Person herangetragen werden und durch diese angenommen und internalisiert werden. Konkret bedeutet dies, dass das eigene Geschlecht sowohl durch Fremd- wie auch durch Selbstzuschreibung bestätigt wird und Personen so beginnen, ihre Geschlechtszuschreibungen anzunehmen. Sie *werden* männlich oder weiblich (und explizit nichts dazwischen).

Geschlecht tun wiederum – im Fachdiskurs bekannt als *Doing Gender* – lässt sich auf zweifache Weise als interaktives Zusammenspiel zwischen Menschen beschreiben: Einerseits stellen Personen ihr Geschlecht dar, um die ›richtige‹ Klassifizierung zu erreichen und diese zu bestätigen. Andererseits erfolgt die Kategorisierung in ›männlich‹ und ›weiblich‹ durch außenstehende Personen, indem Verhalten und Aussehen (z. B. Kleidungsstil, Bewegungen etc.) interpretiert wird (Thon 2017). Demzufolge ist es also kein Zufall, wenn wir, die Autorinnen dieses Bandes, lange Haare und hin und wieder auch ein Kleid oder einen Rock tragen, denn damit *tun* wir unser Geschlecht – allerdings nicht zwingend im Sinne eines bewussten Aktes, sondern vielmehr, weil wir gelernt haben, wie wir uns unserem Geschlecht entsprechend kleiden oder stylen. Trügen wir hingegen konsequent einen Anzug und wären kahlgeschoren, fiele das auf: Wir würden dann an uns herangetragene Erwartungen nicht erfüllen. An dem damit verbundenen Moment der Verwirrung wird sichtbar, wie tief *Doing Gender* in unserer Gesellschaft verwurzelt ist.

Noch ein weiterer, für Auseinandersetzungen mit der Konstruktion von Geschlecht zentraler Begriff soll eingeführt werden: *Heteronormativität.* Dieser Begriff kritisiert einerseits die oben bereits ausführlich dargestellte Annahme, dass das Menschsein ›natürlicherweise‹ zweigeschlechtlich organisiert sei. Ebenfalls kritisiert wird damit jedoch auch, dass Heterosexualität ›naturgegeben‹ sei und als in der breiten Gesellschaft gleichsam alternativloser Zugang betrachtet wird (Mecheril & Thoma in Dirim & Mecheril 2018). Dies zeigt sich u. a. daran, dass wir hinsichtlich erster sich entwickelnder Beziehungen unter Schüler*innen mehr oder weniger automatisch davon ausgehen, dass diese sich gegengeschlechtlich entwickeln; auch hier fällt es – wie bei *Doing Gender* beschrieben – in besonderem Maße auf, wenn sich Personen entgegen dieser Erwartung verhalten.

Es bleibt nun noch darauf zu verweisen, welche Ebenen von Geschlecht, Sexualität und geschlechtlicher bzw. sexueller Identität sich voneinander unterscheiden lassen. Zusätzlich zu *sex* als biologischem Geschlecht und *gender* als sozial konstruiertem Geschlecht sind hier noch die folgenden Aspekte zu nennen (Biewer, Proyer & Kremsner 2019):

- *Geschlechtsidentität* bezeichnet die Identifikation mit einem Geschlecht, das nicht zwingend mit *sex* übereinstimmen muss. So können sich Personen als weiblich oder männlich fühlen (oder aber zwischen diesen beiden Polen oszillieren), ohne (vollständig) über die biologisch übereinstimmende ›Ausstattung‹ zu verfügen. Sie *sind* dann – unabhängig von *sex* – männlich oder weiblich (oder sie ordnen sich auf einem Kontinuum zwischen diesen Polen statisch oder auch fluide ein), und das biologische Geschlecht rückt völlig in den Hintergrund. Dies ist z. B. für *trans- oder auch *inter-Personen eine wesentliche Bezugsgröße.
- Der *Ausdruck von Geschlecht* bezeichnet die nach außen gerichtete Darstellung von Geschlechtlichkeit. Auch sie ist nicht zwingend mit *sex* verbunden und kann sich entweder den Polen männlich und weiblich oder entlang eines dazwischenliegenden Kontinuums einordnen. Hier findet sich eine Fülle von Ausdrucksweisen wieder, die gleichermaßen im individuellen Alltag wie z. B. auch in der Kunst (beispielsweise in der Drag-Szene) oder aber im politischen Empowerment (als bewusst politisierende Inszenierung etwa im Rahmen von Pride-Paraden) eine bedeutende Rolle spielen.
- *Sexuelle Anziehung bzw. sexuelle Orientierung* wiederum verweist auf die Frage, wer sich wem lustvoll hingeben möchte. Auch hier handelt es sich keineswegs um eine Dichotomie, die sich als entweder heterosexuell oder aber nicht-heterosexuell beschreiben lässt, sondern

um eine nicht vollständig zu erfassende Vielfalt eines breiten Spektrums an queeren Lebensweisen.

Für all diese Facetten gilt es zu bedenken, dass sie keineswegs als starre Kategorien gedacht werden können, sondern sich vielmehr als fluide und dementsprechend veränderliche Lebensweisen zeigen.

Was hat das alles nun aber mit Schule und Unterricht zu tun? Zusammenfassend können wir dazu festhalten, dass es bezogen auf *sex* und *gender* nicht ausreicht, in Schulkontexten lediglich von divergierenden Ansprüchen zwischen Mädchen und Jungen auszugehen. Vielmehr ist es die Aufgabe von Lehrkräften, die komplexen und vielschichtigen Gründe sowie das Ausmaß von Geschlechterunterschieden zu kennen. Gleichermaßen wichtig ist es, den (eigenen) schulischen Beitrag zu *Doing Gender* zu reflektieren, um der Reproduktion von Geschlechterrollen entgegenwirken zu können. Hilfreich dafür kann sein, sich explizit mit queertheoretischen Ansätzen auseinanderzusetzen, um einerseits die vermeintlich gegebene Ordnung hinterfragbar zu machen sowie andererseits möglicherweise gegebene eigene blinde Flecken aufzuspüren (Thon 2017). In diesem Kontext lohnt sich insbesondere die im Open Access verfügbare Lektüre von Klenk (2022), der sich in *Post-Heteronormativität und Schule* äußerst detailliert mit sozialen Deutungsmustern von Lehrkräften über vielfältige geschlechtliche und sexuelle Lebensweisen auseinandersetzt.

Zudem können nach Biewer, Proyer & Kremsner (2019) die folgenden Unterrichtskonzepte für den eigenen Unterricht reflektiert und/oder nutzbar gemacht werden:

- Beim *genderneutralen Unterricht* wird nicht explizit auf das Thema oder das Geschlecht der Schüler*innen eingegangen. Dies ändert nichts daran, dass das Unterrichtsgeschehen trotzdem durch Gender beeinflusst wird.
- *Genderspezifischer* oder *genderanzeigender Unterricht* bezieht sich z. B. auf feministische Pädagogik (Prengel 2006) oder auch auf Jungenarbeit. Hier wird also explizit auf Gender – unter Umständen mit Bezugnahme auf eines der Geschlechter – eingegangen. Dies kann mitunter zur Bevorzugung eines der Geschlechter führen.
- *Gendergerechter* bzw. *gendersensibler Unterricht* geht ebenfalls explizit auf Geschlecht ein und zielt auf die Sensibilisierung für das Thema ab.

3.3 Zur Konstruktion von Kultur, Migration und Flucht

Der Begriff ›Kultur‹ lässt sich auf eine Fülle von Bereichen anwenden. In der Gegenwart spielt er in alltäglichen Auseinandersetzungen und in der Politik eine kaum zu unterschätzende Rolle, wenn er auf den Kontext Flucht bzw. Migration bezogen wird. Trotz seiner Bedeutung lässt sich dieser Terminus jedoch kaum greifen oder gar eindeutig definieren. Radtke (2017, 61 f.) geht sogar davon aus, dass es sich dabei »um einen leeren Signifikanten ohne terminologische Festigkeit [handelt], der dadurch freilich hohe diskursive Beweglichkeit gewinnt«. Gerade dadurch könne ›Kultur‹ jeder beliebige Sinn eingeschrieben werden und dieser mitunter auch mit anderen Konzepten wie z. B. Religion oder ethnischer Zugehörigkeit gleichsam wahllos und beliebig vermischt werden. Beispielhaft erkennbar wird das, wenn wir an spezifische Festlegungen wie die ›deutsche‹ oder die ›mitteleuropäische Kultur‹ denken. Derart schwammige Konzepte könnten, so Radtke (2017), nur so lange aufrechterhalten werden, solange nicht nachgefragt wird, was genau damit gemeint ist. Denn: Wodurch zeichnet sich die ›deutsche‹, die ›mitteleuropäische‹ oder jede andere ›Kultur‹ *konkret* aus?

Trotzdem wird nicht selten so getan, als sei ihr Erlernen und Begreifen unabdingbare Voraussetzung insbesondere für jene Menschen, die von außen kommen und hier leben möchten. ›Kultur‹ wird hier zum zentralen und sehr eng geführten Schlagwort, das Forderungen nach Assimilation (d. h. die Anpassung im Sinne einer Unterordnung der ›Anderen‹ an ›unsere Kultur‹) legitimiert. Dies spiegelt sich nicht nur in Alltagsdiskursen unter Nachbar*innen, Kaffeehausbesucher*innen oder Lehrer*innen wider, sondern wird mitunter auch rechtlich eingefordert und bei Nicht-Erfüllung sanktioniert. So müssen – um ein konkretes Beispiel zu geben – seit 2017 alle Personen, die in Österreich um Asyl ansuchen, verpflichtend sogenannte ›Wertekurse‹ besuchen, bei denen sie »dabei unterstützt werden, Grundkenntnisse der Rechtsordnung, der Geschichte und der Kultur Österreichs zu erwerben« (BKA o. J., 15). ›Kultur‹ wird hier also in einem äußerst kleinteiligen Curriculum festzuhalten versucht, wenn Menschen u. a. lernen, wie man sich ›richtig‹ in öffentlichen Verkehrsmitteln verhält oder wie man sich ›richtig‹ begrüßt. Die Teilnahme an solchen Kursen ist für alle verpflichtend, die auf einen langfristigen Aufenthaltstitel hoffen. Ähnliche Programme gibt es auch in einigen deutschen Bundesländern.

›Kultur‹ verkommt hier insofern zur Ideologie, als sie politisch instrumentalisiert und mit spezifischen, machtgestützten Interessen verknüpft wird – was schnell in den Mechanismus mündet, »die eigene Kultur stolz zum Maß des zivilisatorischen Fortschritts« (Radtke 2017, 67) zu erheben, von dem sich ›andere‹ abgrenzen, weil sie schlicht nicht dazugehören. Konstruiert wird so eine kulturelle Identität, die »selbstverständlichen Verhaltensnormen des eigenen Kollektivs durch Abgrenzung gegen die Fremden nach außen und als Vergemeinschaftung nach innen zu stabilisieren« (ebd.) versucht. ›Andere‹ sind dann zwar dazu aufgerufen, diese Kultur anzunehmen und sich ihr zu unterwerfen (= Assimilation), werden sehr wahrscheinlich aber weiterhin als ›andere‹ auffallen und den ›Autochthonen‹ nie vollständig (sozial) gleichgestellt sein. Oder anders formuliert: »Das Privileg der Beheimatung ist nur ein vermeintliches, welches unter anderem darauf beruht, anderen das Beheimatetsein abzusprechen. Jede Gemeinschaft grenzt in mehr oder weniger gewaltsamer Form andere aus. Die anderen bilden dabei das konstitutive Außen, die das Wir erst schaffen. Klassische Beispiele sind neben den Staatsbürger_innen die Zugehörigen zu einer imaginierten Kultur, aber auch beispielsweise Religionsgemeinschaft« (Castro Varela 2017).

Problematisch ist die auf Konzeptionen von ›Kultur‹ basierende Konstruktion von ›anderen‹ auch, weil sämtliche deutschsprachigen Länder nicht nur gegenwärtig, sondern auch historisch seit vielen Jahrhunderten als klassische Einwanderungsländer bezeichnet werden können. Castro Varela & Mecheril (2010, 23) halten fest, dass Migration keineswegs den Ausnahme-, sondern vielmehr den Normalzustand europäischer Gesellschaften darstelle. Umso irritierender ist es also, dass Migration in den vergangenen Jahrzehnten vermehrt zum (tendenziell negativ besetzten) Thema in Alltag und (Bildungs-)Politik wurde.

Bevor wir einen Blick in konkrete pädagogische Ansätze werfen, sollen Flucht und Migration eindeutig voneinander unterschieden werden. Dies ist insofern notwendig, als beide trotz fließender Grenzen Grundsätzliches trennt, was leider oft verwechselt oder zu Unrecht vermischt wird (nach: www.unhcr.org/dach/at/ueber-uns/wem-wir-helfen/fluechtlinge):

- *Migration* zeichnet sich dadurch aus, dass Menschen aus nachvollziehbaren und (mehr oder weniger) freiwilligen Gründen ihr Herkunftsland verlassen und aus eigenem Antrieb nach Möglichkeiten suchen, ihre Lebenssituation zu verbessern. Sie können grundsätzlich jederzeit und gefahrlos in ihr Herkunftsland zurückkehren und verlieren auch nicht ihren Status als Angehörige dieses Herkunftslandes. Zielländer können nahezu frei darüber entscheiden, wie sie mit Migration umgehen, z. B. hinsichtlich der Frage, welche und wie viele Personen eingelassen werden.
- *Flucht* dagegen betrifft Menschen, die ihr Herkunftsland verlassen, weil sie dort nicht mehr geschützt sind. Sie können *nicht* mehr in ihr Herkunftsland zurückkehren, weswegen für sie auch internationale Abkommen vereinbart wurden, die ihren Schutz außerhalb des Herkunftslandes garantieren sollen. Weil die Flucht nicht nur oft überraschend und unvorbereitet, sondern zumeist auch über höchst gefährliche Routen stattfindet,

bringen diejenigen, die sie antreten, zumeist kaum Güter bzw. Besitz sowie oft auch zu wenige Dokumente (z. B. Schulzeugnisse oder Studienabschluss-Bescheinigungen) mit, was ihnen den Einstieg in Bildungskontexte oder auch den Arbeitsmarkt mitunter zusätzlich erschwert.

Im Bereich von Schule und Unterricht ist der Unterscheidung zwischen Flucht und Migration insofern Bedeutung zuzumessen, als insbesondere jene Schüler*innen, die mit Flucht konfrontiert waren oder sind, ggf. sensibel zu handhabende Voraussetzungen und Bedarfe mitbringen. Dies kann sich einerseits durch eine instabile Situation zeigen, wenn noch kein dauerhafter Aufenthaltstitel genehmigt wurde und insofern auch das ökonomische Überleben als prekär zu bezeichnen ist (denn während eines oft mehrjährigen Asylverfahrens haben Antragsteller*innen nicht das Recht zu arbeiten und sind entsprechend von geringen Sozialleistungen abhängig). Andererseits können natürlich auch Erfahrungen und Erlebnisse, die vor, während und nach der Flucht gemacht wurden, die eigene Situation beeinflussen. All diese Faktoren können das schulische Lernen maßgeblich beeinträchtigen. Hier ist es wichtig, ein größtmögliches Maß an Sicherheit und Routinen zu gewährleisten – und dafür bietet sich der Schulbesuch als ideale Maßnahme an. Die Berücksichtigung *traumainformierter Bildungsumgebungen* (siehe z. B. bei Panlilio 2019 oder bei Brunzell & Norrish 2021), die über individuelle Intervention im Falle von Trauma hinausgeht, empfiehlt sich hier als geeigneter und zusätzlich unterstützender Ansatz.

Generell gesprochen reagiert das Bildungssystem auf Migration bzw. Flucht vor allem in der Gestalt von *Assimilationspädagogik*, von *Inter-* bzw. *Transkultureller Pädagogik* bzw. auch *Migrationspädagogik*. Sie werden nachfolgend jeweils kurz vorgestellt.

Migrierte bzw. geflüchtete Schüler*innen wurden zunächst im Rahmen der so genannten *Assimiliationspädagogik* unterrichtet. Diese verstand sich vor allem als kompensatorische Erziehung, in deren Zentrum der Deutschunterricht stand, um früher oder später dem Unterricht der Regelschule folgen zu können. Eine solche Form des Unterrichts steht inklusiven Ansätzen insofern völlig entgegen, als sie sich ausschließlich an migrierte Schüler*innen mit einer anderen Erstsprache als Deutsch richtet; sie wurde als ›Ausländerpädagogik‹ kritisiert (Prengel 1993). Ansätze aus der Assimiliationspädagogik sind jedoch keineswegs Geschichte, sondern finden sich in der Gegenwart vermehrt, wenn z. B. spezifische Deutsch(förder)klassen für Schüler*innen mit Fluchterfahrung eingerichtet werden.

Von der Assimilationspädagogik grenzt sich – Sturm (2016) folgend – die *Interkulturelle Pädagogik* bewusst ab. In ihrem Zentrum steht vor allem in den 1980er Jahren der ›Differenzdiskurs‹, der Migration als elementaren Bestandteil des gesellschaftlichen Zusammenlebens betrachtet. An die Stelle der zentralen Betonung auf Sprache (wie in der Assimiliationspädagogik) rückt nun der Fokus auf sich unterscheidende Kulturen, die gleichermaßen Identität stiften wie Differenz markieren – allerdings lediglich als binäre Unterscheidung zwischen ›deutscher‹/›österreichischer‹/›schweizer‹ Kultur gegenüber jedweder ›anderer‹ Kultur. Dennoch ist ihr zentrales Moment die »Anerkennung unterschiedlicher kultureller Identitäten, verbunden mit der Zielsetzung, sie zu erhalten und sie gegenseitig kennenzulernen und zu verstehen« (ebd., 99 f.). Die Ebene individueller Defizitzuschreibungen (im Sinne der Kompensation einer anderen Erstsprache als Deutsch) wird damit verlassen. 1996 folgt schließlich die Empfehlung der deutschen Kultusministerkonferenz (KMK), interkulturelle Bildung als Bestandteil der Allgemeinbildung zu begreifen; Einwanderung und deren Bedeutung für Schulen und Bildungskontexte fanden so auch auf bildungspolitischer Ebene Anerkennung. Zu kritisieren bleibt dabei – wie eingangs bereits ausgeführt – das nach wie vor die beiden Gruppen ›Wir‹ und ›die anderen‹ aufrechterhaltende Kulturverständnis (ebd.).

Abermals in Abgrenzung zur Interkulturellen Pädagogik hat sich mittlerweile auch die *Migrationspädagogik* etabliert. Hier wird – explizit auf Bildungskontexte bezogen – eine »rassismuskritische Auseinandersetzung mit Ungleichstellung, natio-ethno-kultureller Homogenisierung und der Rolle von Pädagogik bei der Re-Produktion dieser Verhältnisse« (Knappik & Mecheril in Dirim & Mecheril 2018, 168) in den Fokus gerückt. Hier steht also die Frage im Zentrum, wie die Gesellschaft und ihre Institutionen – Schule und das Bildungssystem sind hier von besonderer Bedeutung – machtgestützt ›andere‹ produzieren und ihnen ihre gesellschaftlichen Plätze zuweisen. Es erfolgt also die Auseinandersetzung damit, wie durch Ungleichstellungen und Benachteiligungen, Hierarchisierungen und Ausgrenzungen Menschen überhaupt erst zu so genannten ›Migrationsanderen‹ gemacht werden (ebd.). Dies kann man zum Beispiel daran erkennen, dass nicht alle migrierten Personen und deren Erstsprachen als negativ besetzt wahrgenommen werden: Eine englisch- oder auch spanischsprachige Person wird tendenziell deutlich weniger Nachteile erfahren (oder sogar Vorteile haben!) als eine Person mit türkischer oder mit arabischer Erstsprache. Wir haben es hier also mit einer impliziten, jedoch umso konsequenzenreicheren Hierarchisierung von Erstsprachen zu tun. Ebenfalls angeführt werden kann aber auch, dass selbst bei gleichen Voraussetzungen und Schulleistungen Schüler*innen mit ›fremd‹ klingenden Vor- bzw. Nachnamen sich tendenziell mit deutlicheren Benachteiligungen konfrontiert als jene mit ›vertrauteren‹ Namen (ebd.).

Um dem zu begegnen, müsse die ›Schule der Migrationsgesellschaft‹ durch die folgenden Momente gekennzeichnet sein, so Knappik und Mecheril (in Dirim & Mecheril 2018, 176 f.) weiter:

- *Differenzfreundlichkeit* erkennt die von Schüler*innen mitgebrachten Unterschiede (u. a. Sprache, Wissen, Verhältnis zur Bildungsinstitution) als konstitutiv für die Migrationsgesellschaft an. Diese Unterschiede werden dann eben nicht von ›anderen‹ zu ›uns‹ mitgebracht, sondern sind Kennzeichen *einer* pluralen Gesellschaft.
- *Zuschreibungsreflexion* bezeichnet sowohl die individuelle wie auch die institutionelle Selbstreflexion hinsichtlich der möglicherweise verborgenen Mechanismen von Diskriminierung in der eigenen (Unterrichts-)Praxis. Sorgfältig auch hinsichtlich möglicher blinder Flecken überprüft, können aus solchen (Selbst-)Beobachtungen Schlüsse gezogen werden, die Diskriminierung entgegenwirken.

Aus unserer Sicht sind diese beiden Merkmale keineswegs nur im Kontext einer Schule der Migrationsgesellschaft, sondern generell im Sinne inklusiver Schule unabhängig von kategorialen Bezugnahmen mitzudenken und umzusetzen.

Die Analyse der Konstruktion von ›Migrationsanderen‹ verweist vor allem aber auch auf die Privilegien, die denjenigen Personen vorbehalten sind, die *nicht* mit dieser Zuschreibung leben müssen. Sie (bzw. wir) sind dazu aufgefordert, diese Privilegien sorgfältig zu reflektieren, um einen kritischen Umgang damit zu finden und diskriminierenden Mechanismen und Tendenzen entgegenzuwirken. Schule und Unterricht bieten ideale Rahmenbedingungen, um dies großflächig in Angriff zu nehmen. Warum das notwendig ist, bringt Castro Varela (2017, o. S.) auf den Punkt: »Wenn wir weiß sind, lernen wir, das Weißsein als eine solche Selbstverständlichkeit zu akzeptieren, dass wir nicht einmal bemerken können, dass es in einer rassistischen Gesellschaft ein unglaubliches Privileg ist, weiß zu sein. Die Position schützt vor so vielen schmerzhaften Erfahrungen: ausgegrenzt zu werden; unhöflich befragt und ausgefragt zu werden; Angst zu haben in Räumen, die andere als *neutral* beschreiben würden; beschämt und verlacht zu werden; nicht bedient zu werden … Als weiße Person gehören diese Erfahrungen nicht zum Alltagserleben. Und so erscheint Weißsein als eine transparente Erfahrung. Sie wird nicht spürbar. Erst wenn die eigene Erfahrung verglichen mit den Alltagserfahrungen Schwarzer Menschen und People of Color gestellt wird, wird klar, dass Weißsein nicht die *normale* Position ist, sondern eben die privilegierte. Rassistisches Wissen wird gelernt.«

3.4 Zur Konstruktion von sozialer Klasse bzw. sozio-ökonomischem Milieu

Bildungsprozesse werden in hohem Maß von sozialer Herkunft und vom sozioökonomischen Status (bzw. sozioökonomischen Milieu) eines Individuums bzw. dessen Familie beeinflusst. Was genau ist damit gemeint? Und was hat das mit dem Begriff ›(soziale) Klasse‹ zu tun?

Laut Scherr (2017) bilden Unterschiede, die mit Ungleichheiten der Lebensbedingungen und Lebenschancen einhergehen, gleichsam den kleinsten gemeinsamen Nenner der Begriffe ›(soziale) Klasse‹, ›(soziale) Schichten‹ oder ›(soziale) Milieus‹. Dabei können diese Unterschiede u. a. auf Vermögen und Einkommen, auf die Wohnsituation, auf Arbeitsbedingungen, die Gesundheitsversorgung, strafrechtliche Sanktionierung oder eben auch auf Bildungschancen Auswirkungen haben. Die Teilhabe an gesellschaftlichem Wohlstand ist – Sturm (2016) folgend – derart eng an die soziale Stellung gebunden, dass beide kaum voneinander zu trennen sind. Außerdem weist sie darauf hin, dass die soziale Situation eines Menschen keine absolute Größe ist, sondern immer nur in Relation zu anderen Personen eingeordnet werden kann. Jemand ist nur im Vergleich zu anderen arm, reich oder irgendeine Abstufung dazwischen. ›Soziale Klasse‹ kann also folgendermaßen definiert werden: »Die Kategorie Klasse wird verwendet, um Ausprägungen sozialer Ungleichheiten in der modernen Gesellschaft zu beschreiben, ihre Ursachen zu erklären sowie ihre Auswirkungen auf das soziale Zusammenleben und die Lebensbedingungen von Einzelnen, Familien und sozialen Gruppen zu erklären.« (Scherr 2017, 94)

Im Zentrum aller Klassentheorien steht die Bedeutung sozioökonomischer Ungleichheit als durch Einkommens- und Vermögensunterschiede hierarchisierte wirtschaftliche Position. Diese ist anderen hierarchisierten und kategorial zugeschriebenen Verhältnissen insofern übergeordnet, als diese überhaupt erst zu sozioökonomischer Ungleichheit führen – oder aber deren Ausgangspunkt sind. Sozioökonomischer Status ist also gleichermaßen Henne wie Ei sozialer Ungleichheit. Oder anders erklärt: Wenn andere Geschlechter gegenüber Männern im Erwerbsleben benachteiligt sind und deshalb weniger verdienen, wirkt sich dies direkt auf deren sozioökonomischen Status aus. Dasselbe gilt für Migrationsandere, die nicht nur statistisch gesehen deutlich schlechtere Chancen für gutbezahlte Jobs haben als autochthone Personen, oder auch für behinderte Menschen, die einen massiv erschwerten Zugang zum so genannten ›ersten Arbeitsmarkt‹ haben. Das Zusammenwirken der Einkommens- und Vermögenssituation mit anderen Differenzmerkmalen bzw. Heterogenitätsdimensionen lässt sich im Begriff ›Klassismus‹ zusammenführen, der analog zu Antisemitismus, Rassismus oder Sexismus als Unterdrückungs- und Diskriminierungsform definiert wird (Khakpour & Mecheril in Dirim & Mecheril 2018).

Mit der Konstruktion ›sozialer Klasse‹ hat sich eine Reihe berühmter Sozialwissenschaftler*innen beschäftigt. Für die Analyse pädagogischer Verhältnisse von besonderer Bedeutung sind die Ansätze bei Pierre Bourdieu. Er geht davon aus, dass es nicht nur das *ökonomische Kapital* ist, das Menschen nutzbar machen, sondern zwei weitere (und für den Schulkontext zentrale) Typen mitgedacht werden müssen (Bourdieu 1983):

- *Kulturelles Kapital* ist jenes Kapital, das sich wohl am ehesten über Bildungsprozesse erwerben lässt. Es kommt in drei divergierenden Formen vor: a) als *verinnerlichtes kulturelles Kapital*, d. h. als Wissen, das zwar geteilt und weitergegeben werden kann, jedoch letztlich an den Körper des betreffenden Individuums gebunden ist und mit ihm auch stirbt; b) als *objektiviertes kulturelles Kapital*, d. h. in Form eines Gegenstandes (z. B. als Buch, als Maschine, als Bild etc.). Kulturelles Kapital zeigt sich darin, dass eine Person weiß, wie sie diesen Gegenstand nutzen kann. Und schließlich handelt es sich mit dem c) *institutionalisierten kulturellen Kapital* um Symbole, die insbesondere durch Bildungsprozesse erworben werden können. Das kann z. B. in Form von (Schulabgangs-)Zeugnissen, von akademischen Titeln oder jedes anderen Qualifikationsnachweises sein.
- *Soziales Kapital* bezeichnet die Netzwerke und persönlichen Beziehungen, auf die eine Person zugreifen kann und die ihr behilflich sind.

Wie die genannten Formen im Kontext von Schule ineinanderwirken und wie daraus soziale Ungleichheit entsteht, lässt sich (gerne auch im eigenen Unterricht) anhand eines von Sturm, Weibel & Wlodarczyk (2017) entwickelten Simulationsspiels nachempfinden. Dieses kann kostenlos einschließlich eines theoriebezogenen Begleittextes heruntergeladen werden (siehe Link im Literaturverzeichnis).

Soziale Klassen lassen sich, Khakpour & Mecheril (in Dirim & Mecheril 2018) in Zusammenfassung von Bourdieus Ansätzen folgend, über das Ausmaß der Verfügbarkeit über ökonomisches, kulturelles und soziales Kapital beschreiben. Je nachdem, wer wie viel worüber verfügt, bildet sich im Verlauf der Sozialisation eines Menschen der so genannte ›klassenspezifische *Habitus*‹ aus. Das sind spezifische Praktiken, die darauf hinweisen, »wie Unterschiede in der Verfügbarkeit des Kapitals in die Körper der Einzelnen dringen und ihre (Klassen-)Zugehörigkeit damit sichtbar und erkennbar werden lassen« (ebd., 143). Über die Art und Weise, was und wie jemand isst, welchen Sport jemand treibt (und wie), welche politischen Meinungen jemand vertritt (und wie diese argumentativ vertreten werden), kurz: wie sich jemand verhält und wie und was jemand konsumiert, ist nicht ausschließlich individuelles Verhalten, sondern auch Ausdruck eines klassenspezifischen Habitus.

Für die (inklusive) Pädagogik ist das Wissen um soziale Ungleichheit höchst relevant: Handeln und Kommunikation findet in Bildungskontexten eben nicht ›nur‹ zwischen Individuen statt. Vielmehr repräsentieren diese Individuen (zumindest auch) spezifische soziale Klassen, deren hierarchisches Verhältnis zueinander pädagogische Kontexte maßgeblich beeinflusst und entsprechend sorgsam zu reflektieren ist (Scherr 2017). Betont werden muss außerdem, dass soziale Ungleichheit mit ›Bildungsungleichheit‹ korrespondiert, denn: mittels schulischer Bildung werden Privilegien oder auch Benachteiligungen an die nächste Generation weitergegeben (Sturm 2016). Das ist etwa dann der Fall, wenn Schüler*innen aus Familien mit niedrigem sozioökonomischem Status tendenziell als weniger begabt oder auch weniger motiviert eingeschätzt werden als ihre bildungsbürgerlichen Peers. Die (tatsächlich diskriminierende) Kategorisierung, Schüler*innen stammten aus ›bildungsfernen‹ Familien, zeugt eindrücklich vom die bürgerlichen Klassen privilegierenden Standard im Schulsystem (Khakpour & Mecheril in Dirim & Mecheril 2018). Auch der Besuch einer höheren Schule oder gar ein akademischer Abschluss wird in deutlicher Überzahl denjenigen ermöglicht, deren Eltern ebenfalls diesen Weg beschritten haben. Dagegen aktiv zu werden, entspricht dem »gesellschaftlichen und schulischen Auftrag der Verwirklichung von Chancengerechtigkeit, unabhängig von der familiären Herkunft. An dieser Leitidee ist die Schule ausgerichtet, und hierüber muss sie sich legitimieren« (Sturm 2016, 69). Auf institutioneller Ebene schlagen Khakpour & Mecheril (in Dirim & Mecheril 2018) die folgenden Maßnahmen vor, um klassenspezifischer Bildungsbenachteiligung zu entgegnen:

- Der *Ausbau der Ganztagsschulen* ermöglicht durch vermehrte individuelle pädagogische Betreuung ggf. eine Kompensation fehlender Unterstützung durch die Eltern oder Erziehungsberechtigten.
- Eine *spätere Selektion bzw. Differenzierung zwischen verschiedenen Bildungsoptionen* würde den Zwang vermeiden, für Kinder bereits am Ende der 4. Schulstufe ihren weiteren Bildungs- und damit allzu oft auch ihren weiteren Berufsweg festzulegen.
- Die *heterogene Zusammensetzung der Schüler*innenschaft bezüglich des ökonomischen Status,* idealerweise in Form einer egalitären Gesamtschule, wäre ebenfalls eine zentrale Maßnahme zugunsten eines Abbaus von klassenspezifischer Bildungsbenachteiligung. Die Sorge, dass ein solcher Ansatz zum Leistungsabfall seitens der bislang sozioökonomisch privilegierten Schüler*innen

führen würde, ist unbegründet, wie sich anhand einer Reihe von Studien belegen lässt (siehe hierzu auch das folgende Kapitel 3.5).

3.5 (Schul-)Leistungen als soziale Konstruktion

›Leistung‹ ist gleichsam *das* zentrale Schlagwort, welches im Zentrum unserer Gesellschaft steht. Es ist insbesondere für den Kontext Schule und Unterricht wichtig, wird hier individuelle Leistungserbringung doch auch über eine 5- bzw. 6-teilige Notenskala (sowie in unteren Klassenstufen ggf. auch ausformulierte Beurteilungen) zum Ausdruck gebracht. Leistung wird damit zur zentralen Maxime, die die »Gestaltung des unterrichtlichen Miteinanders von Lehrpersonen und Schüler/-innen wie auch der Schüler/-innen untereinander« (Sturm 2016, 125) bestimmt. Allerdings werden tatsächlich mess- und beobachtbare Fähigkeiten gemessen und nicht die Anstrengung (oder die Bereitschaft dazu), die aufgewandt wurde, um eben jene Fähigkeit zu erwerben (Esslinger-Hinz & Sliwka 2011). Hier kommen beliebte Schlagwörter aus der Kompetenzdebatte zum Einsatz wie etwa ›Output-Orientierung‹ oder auch ›Performanz‹. Scherr (2017, 93) geht von einem gesamtgesellschaftlichen Anspruch aus, nach dem »Bildungschancen allein von der individuellen Leistungsfähigkeit und -bereitschaft abhängig sein sollen«. Dieser meritokratische Ansatz könne aber aufgrund der massiv durch soziale Herkunft beeinflussten Bildungsprozesse (siehe Kapitel 3.4) nicht konsequent verwirklicht werden, d. h., Leistung ist nach wie vor maßgeblich durch klassenspezifische Bildungsbenachteiligung beeinflusst. Zugleich wird geltend gemacht, dass über skalierte Leistungsmessung soziale und Bildungsungleichheit überhaupt erst legitimiert würde, weil sie über die Wertung im Modus besser/schlechter hierarchisierend wirke (Sturm 2016).

Grundsätzlich kann festgehalten werden, dass sich das Leistungsprinzip einerseits innerhalb von (zumeist) Jahrgangsklassen wiederfindet wie auch in nach Leistungserwartungen und -ansprüchen differenzierten Bildungsgängen. Schüler*innen werden überall und durchgängig nicht nur miteinander verglichen, sondern auch mit Normen und Erwartungen, die zu spezifischen Zeitpunkten erreicht sein sollen. In der Konsequenz vollzieht sich Leistung in Bildungskontexten als Wettbewerb, denn schließlich werden Schüler*innen entlang vorgegebener Leistungskriterien geordnet und in ein hierarchisches Verhältnis zueinander gebracht. Dieser Wettbewerb ist nicht nur institutionell angelegt, sondern bestimmt sowohl bei Schüler*innen wie auch bei Lehrpersonen die konkreten Handlungen und das soziale Gefüge im schulischen Alltag. Problematisch ist, dass entlang dieser Maxime diejenigen, die die vorgegebenen Normen übererfüllen, sowie jene, die hinter diesen zurückbleiben, in ihren Lern- und Bildungsprozessen behindert werden (Sturm 2016).

Nicht nur in den Dis/Ability Studies – einem emanzipatorisch ausgerichteten Forschungsstrang, der sich mit der Konstruktion von Behinderung auseinandersetzt (vgl. hierzu auch Kapitel 3.1) – wird *Ableismus* als Diskriminierungsform analysiert und beschrieben. Mit diesem Aspekt wird auch deutlich, dass einzelne Heterogenitätsdimensionen nicht isoliert voneinander betrachtet werden können, sondern im Gegenteil ineinanderwirken. Ableismus als Diskriminierungsform liegt zugrunde, dass in unserer Gesellschaft bestimmte Fähigkeiten und Leistungen (wie etwa Kognition, Wettbewerbsfähigkeit, Geschwindigkeit etc.) favorisiert werden, während ein ›Mangel‹ abgewertet wird. Goodley (2014) beschreibt die unsere Gesellschaft derart zentral bestimmenden Fähigkeitskonstruktionen gar als verdeckte und dennoch hegemoniale Idee der Menschheit. Denn: Wir alle bewerten dauerhaft und konsequent die Menschen in unserer Umgebung anhand eben jener Fähigkeitskonstruktionen – sei es, weil die Person vor uns an der Kasse ihre Waren *zu langsam* aufs Förderband legt, die Schülerin Anna einmal mehr die Klassen*beste* beim Test war (und im Umkehrschluss ihre Mitschüler*innen durchgängig *schlechter* waren als sie) oder aber es für uns ganz selbstverständlich ist, dass Personen *selbstständig* ihren Lebensunterhalt bestreiten (denn die Inanspruchnahme von Sozialleistungen wird *negativ bewertet*). In letzter Konsequenz kann die Bewertung von Leistungs- und Fähigkeitskonstruktionen allerdings zum Ausschluss aus der ›normalen‹ bzw. der ›Regel‹-Gesellschaft und ihrer Institutionen führen. Das ist etwa dann der Fall, wenn Schüler*innen *zu langsam* lernen und deswegen einer Sonder- bzw. Förderschule zugewiesen werden. Menschen werden dann durch Fähigkeits- und Leistungserwartungen behindert. In der (aus dem Englischen entlehnten) Schreibweise Dis/Ability wird dies auch terminologisch erkennbar: Behinderung (*disability*) ist dann die Negation von Leistung bzw. Fähigkeit (*ability*; Kremsner 2017; siehe hierzu auch Kapitel 3.1). Bezugnahmen auf die Konstruktion von (Schul-)Leistung bzw. Leistungsfähigkeit werden im Kapitel 5.1. erneut aufgegriffen werden.

4 Grundlegende Überlegungen zum separierenden Schulsystem und zur Sekundarstufe

Nach der Erläuterung der theoretischen Grundlegungen zum Thema Diversität und Ungleichheit wird nun auf besondere Herausforderungen in höheren Schulformen eingegangen. Funktioniert Inklusion im Primarstufenbereich noch häufig gut, kommt es im späteren Verlauf, v. a. in Zusammenhang mit Leistung (siehe Kapitel 3.5), zu weiteren Herausforderungen. Die Schulsysteme in den deutschsprachigen Ländern zeichnen sich grundsätzlich dadurch aus, dass sie sich nach oben hin immer stärker in unterschiedliche Schulformen differenzieren und einen immer länger werdenden Schulbesuch vorsehen. Nach dem Ende der Primarstufe (in Österreich und der Schweiz: Volksschule, in Deutschland: Grundschule) finden wir ein mehrgliedriges Schulsystem vor (Gudjons & Traub 2016). Dieses speist sich zumindest aus einer Mittelschulform (in manchen Ländern gibt es z. B. mit der Haupt- und der Realschule hier abermals differenziertere Formen) und dem Gymnasium. Dazu kommt die (bereits ab der Primarstufe zur Verfügung stehende) Sonder- bzw. die Förderschule. Für die Schulstufen 5 bis 8 (in Österreich) bzw. 5 bis 10 (in den meisten deutschen Bundesländern) – also der Mittelschule bzw. den ›unteren‹ Schulstufen im Gymnasium – sprechen wir von der Sekundarstufe I; ab der Schulstufe 11 befinden sich Schüler*innen in der Sekundarstufe II. Diese beiden Schulabschnitte stehen im Zentrum der nun folgenden Überlegungen.

Die Organisation des Bildungswesens und damit auch der Sekundarstufe unterscheidet sich in den deutschsprachigen Ländern teilweise massiv voneinander. In Deutschland und in der Schweiz finden sich streng föderalistische Regelungen; das Bildungswesen liegt damit in der nahezu ausschließlichen Verantwortung der Bundesländer und Kantone. In Österreich wiederum liegen die so genannten ›Allgemeinbildenden Pflichtschulen‹ – also die Volksschulen, die Sonderschulen und die Mittelschulen – in der Verantwortung der Länder, während alle anderen Schulformen im Zuständigkeitsbereich des Bundes verortet sind. Letzteres betrifft im Bereich der Sekundarstufe I vor allem das Gymnasium sowie sämtliche Schulformen der Sekundarstufe II. Nicht nur die deutschsprachigen Länder untereinander sind also schwer miteinander vergleichbar, sondern auch die einzelnen Bundesländer bzw. Kantone innerhalb eines Staates weichen deutlich in der Organisation ihres Bildungswesens voneinander ab (Wacker 2017).

4.1 Inklusive Schule und separierende Schulsysteme

Grundsätzlich ist festzuhalten, dass die Zuweisung zu Schularten bzw. Bildungsgängen formal nach leistungsbezogenen Kriterien erfolgt (siehe Kapitel 3.5). Differenziert wird also zwischen den unterschiedlichen Schulformen, die sich in das bereits genannte mehrgliedrige Schulsystem einordnen lassen. Der Zweck dieser Differenzierung liegt darin, dass so jede Schulform möglichst (vermeintlich) leistungshomogene Schüler*innen in sich vereint, also sich z. B. im Gymnasium vor allem ›leistungsstarke‹ Schüler*innen tummeln. Dies stellt übrigens ein Spezifikum des deutschsprachigen Raumes dar, denn international wird überwiegend *innerhalb* der Einzelschulen (z. B. durch ein modulares Kurssystem) leistungsdifferenziert (van Ackeren & Kühn 2017).

Diesen formal vermeintlich ausschließlich auf Leistung bezogenen Kriterien zur Zuweisung eines Schulplatzes in der Sekundarstufe stehen allerdings eine Reihe von empirischen Erkenntnissen entgegen, die v. a. mit Blick auf ein inklusives Schulsystem zu beachten sind. Demnach kann die Schulleistung nämlich nicht objektiv und neutral festgestellt werden, sondern ist von mannigfaltigen Faktoren abseits der eigentlichen Leistung teilweise massiv beeinflusst. Aus dieser Perspektive wiederum stellt die Mehrgliedrigkeit aller Schulsysteme des deutschsprachigen Raumes eine große Herausforderung hinsichtlich der Verteilung von Chancen für Schüler*innen und deren zukünftigen Berufslaufbahnen dar. So haben Schüler*innen, deren Eltern einen geringen Bildungsabschluss nachweisen, ebenso deutlich schlechtere Chancen auf einen gymnasialen Bildungsweg wie z. B. migrationsandere Schüler*innen. Im Gegensatz dazu erhalten Schüler*innen, die aus Familien mit hohem sozialen, wirtschaftlichen und kulturellen Kapital stammen, laut der PISA-Studie 2006 eine 2,7-mal höhere Chance auf einen Platz im Gymnasium als ihre weniger privilegierten Peers – und das bei gleichem Wissensstand (Esslinger-Hinz & Sliwka 2011). Am ›unteren‹ Ende des mehrgliedrigen Schulsystems müssen wir wiederum feststellen, dass in den Sonderschulen migrationsandere Schüler*innen aufgrund ihrer schlechten Chancen im Bildungssystem deutlich überrepräsentiert sind (Subasi Singh 2021).

Übrigens konstatiert auch die PISA-Studie 2022 Deutschland nach wie vor einen überdurchschnittlich hohen Effekt der sozioökonomischen Herkunft (insbesondere bei Migrationsanderen). Sie kommt zu dem Schluss, dass die bisherigen Fördermaßnahmen nicht ausreichend sind; die festgestellten Defizite (insbesondere in Mathematik und beim Lesen) müssen »unbedingter Anlass sein, das Bildungssystem gerechter und leistungsfähiger zu machen« (Lewalter, Diedrich et al. 2023). Ein inklusiv ausgerichtetes Schulsystem könnte hier zu maßgeblichen Verbesserungen beitragen.

Das Festhalten an der Differenzierung vermeintlicher Leistungsfähigkeit entstammt der Vorstellung, »dass durch möglichst wenig Heterogenität besonders förderliche Lehr- und Lernbedingungen geschaffen werden« (van Ackeren & Kühn 2017, 182). Leistungsheterogenität wäre, so die Autorinnen weiter, demnach ein ›Störfaktor‹, der die Ausrichtung auf ein einheitliches Niveau verhindere. Die vermeintliche Notwendigkeit der Mehrgliedrigkeit des Schulsystems wird dadurch legitimiert und manifestiert. Darin verbergen sich einige im Kontext von Inklusion bzw. inklusiver Schule relevante, weil machttheoretisch interessante Aspekte: Gudjons & Traub (2016, 272) z. B. sehen eine »außerordentlich dümmliche, aber selbst in der Politik weit verbreitete Begründung der Dreigliedrigkeit [...] in einer biologischen Begabungsideologie«, nach der die Hauptschule als erstes Glied für ›praktisch Begabte‹, das Gymnasium (zweites Glied) für theoretisch interessierte Schüler*innen sowie die Realschule (drittes Glied) für gemischt interessierte Schüler*innen konzipiert sei. Dieser zu Recht als »dümmlich« bezeichneten These folgend müsste dann ergänzt werden, dass die Sonder- bzw. Förderschule als viertes Glied für diejenigen Schüler*innen eingeführt wurde, denen kaum oder nur spezifische Begabungen zugetraut werden. Damit erhält Schule eine spezifische Auslesefunktion. Der Schultheoretiker Fend (1980, zit. nach Trautmann & Wischer 2011, 90) fasst diese auch in Form dreier gesellschaftlicher Funktionen von Schule zusammen:

- Die *Qualifikationsfunktion* bezieht sich auf die Reproduktion kultureller Systeme. Im Speziellen ist damit die Vermittlung von Grundkompetenzen gemeint, um Schüler*innen ›gesellschaftsfähig‹ zu machen und um für die notwendigen Qualifikationen im Erwerbsleben zu sorgen.
- Die *Selektions- oder Allokationsfunktion* beschreibt die Reproduktion gegebener Sozialstrukturen, indem Schüler*innen per Schulabschluss ihren zukünftigen Positionen in der Gesellschaft zugewiesen werden.
- Die *Legitimations- oder Integrationsfunktion* dient der Reproduktion von Normen und Werten zur Sicherung des politischen Systems bzw. der Sicherung des Herrschaftssystems.

Die aus einem so angelegten Schulsystem resultierenden Konsequenzen sind enorm – und zwar gleichermaßen für das jeweils betroffene Individuum wie auch die Gesellschaft, die dadurch konzipiert wird und sich in dieser Weise beständig weiter reproduziert. Prengel (2006, 19) kritisiert mit Nachdruck, dass über das Schulsystem gesellschaftliche Hierarchien geschaffen werden, »nach welcher die zwischen den Menschen angenommenen Unterschiede eine Rangordnung zwischen ihnen legitimieren. Intelligenz und Leistungsfähigkeit wurden gesellschaftlichen Schichten und Gruppen mehr oder weniger direkt zugeordnet. Dadurch werden unterschiedlicher Schulbesuch, unterschiedliche Abschlüsse, Ausbildungen und Berufspositionen erklärt und gerechtfertigt.« Konkret und (verkürzend) zugespitzt formuliert, bedeutet die über das Schulsystem legitimierte Zuweisung von gesellschaftlichen Hierarchien: Personen, die die Hochschulreife absolviert haben, werden sehr wahrscheinlich in gut bezahlten oder auch akademischen Jobs unterkommen, während diejenigen, die über einen Mittelschulabschluss verfügen, tendenziell die (Fach-) Arbeiter*innen bilden. Diejenigen ohne Abschluss finden sich zumeist als Hilfsarbeiter*innen wieder (wo auch einige Absolvent*innen aus Sonderschulen einen Job finden werden); die meisten ehemaligen Sonderschüler*innen haben extrem schlechte Chancen auf dem Arbeitsmarkt oder werden in Werkstätten für behinderte Menschen (WfbM) versorgt.

Dennoch können wir, Gudjons & Traub (2016) folgend, festhalten, dass das Bildungswesen in den vergangenen Jahrzehnten im Vergleich deutlich durchlässiger geworden ist. Während z. B. noch in den 1960er-Jahren klar war, dass ein einmal eingeschlagener Bildungsweg nur sehr schwer gewechselt werden kann, haben sich Bildungsgänge inzwischen einander angenähert und der Wechsel z. B. von einer Mittelschule ans Gymnasium ist grundsätzlich möglich. Einer größeren Heterogenität der Schüler*innenschaft steht also – zumindest in der Theorie – nichts im Wege. In der Praxis zeigt sich die nun höhere Durchlässigkeit des Bildungssystems jedoch leider in negativer Richtung: Zumeist wird nämlich von einer anspruchsvollen in eine weniger anspruchsvolle Schule gewechselt. Und: Je höher die Schulstufe, desto seltener gibt es gute Möglichkeiten, Diversität umzusetzen.

Auffallend ist, dass Bestrebungen zur Reformierung der Sekundarstufe zumeist Gymnasien in keinem Wort erwähnen und deren Existenz entsprechend unangetastet lassen. Tillmann (2012, 10, zit. nach Wacker 2017) findet deutliche Worte, wenn er von der »Unantastbarkeit des Gymnasiums« spricht. Demgegenüber wird aktuell mitunter heftig z. B. über die vollständige Schließung von Sonder- bzw. Förderschulen und teilweise auch von Hauptschulen zugunsten der Einführung einer Gesamtschule debattiert (Gudjons & Traub 2016). Diese sollte in integrativer Form, also auch Kernfächer verpflichtend umfassend und über das 6. Schuljahr hinausgehend, erfolgen anstatt als additive Gesamtschule, die lediglich unterschiedliche Schulformen unter demselben Dach vereint (Klafki 2021). Festhalten lässt sich empirischen Befunden zufolge jedoch eindeutig, dass weniger gegliederte Schulstrukturen Chancengerechtigkeit deutlich begünstigen. So weisen Lenz, Rjosk, Lorenz & Stanat (2021) zum Beispiel nach, dass ethnische Segregation in mehrgliedrigen Schulsystemen begünstigt, im so genannten »Zwei Wege-Modell« (bestehend aus Gymnasium und Gesamtschule) jedoch deutlich reduziert wird: In letzteren sind migrationsandere Schüler*innen zwar nach wie vor an Gesamtschulen überrepräsentiert, besuchen aber bei ähnlicher Leistung und ähnlichem Sozialstatus deutlich häufiger ein Gymnasium. Daraus können wir ableiten, dass mehrgliedrige Schulsysteme eben nicht nach Leistung selektieren, sondern dass zumindest ethnische Segregation maßgeblich durch herkunfts- und schulstrukturabhängige Bildungsentscheidungen beeinflusst wird. Anders formuliert bedeutet dies: Je weniger (vermeintlich) leistungsorientierte Schulformen vorhanden sind, umso weniger werden ›andere‹ bzw. ›veranderte‹ Schüler*innen benachteiligt, weil potentiell diskriminierende bzw. benachteiligende Faktoren eine zumindest geringere Rolle spielen. Und auch, wenn Lenz et al. (2021) sich lediglich auf migrationsandere Schüler*innen beziehen, lässt sich zumindest vermuten, dass Parallelen zu Schüler*innengruppen entlang anderer Heterogenitätsdimensionen und ihrer Intersektionen bestehen.

Gerade weil solchen ›verandernden‹ Faktoren in inklusionssensiblen Bildungskontexten idealerweise möglichst keine Bedeutung zukommen sollte, rückt aus pädagogischer Sicht vor allem ein gut durchdachter Umgang mit leistungsbezogener Heterogenität ins Zentrum. Dieser kann abseits und vielleicht sogar an Stelle von segregierenden Schulformen z. B. über jahrgangsübergreifende Lernformen oder eine förderorientierte und auf die Stärken von Schüler*innen fokussierte Leistungsbeurteilung gestärkt werden (Wacker 2017).

4.2 Inklusive Schule auf den Weg bringen

Wenn es darum geht, inklusive Schule auf den Weg zu bringen, ist es nicht zwingend notwendig, bei null anzufangen. Vielmehr können Gremien, Instrumentarien und Mechanismen, aber auch Erfahrungswerte ausgewählter Standorte genutzt werden, die bereits (teilweise sogar verpflichtend) bestehen. So genannte Good-Practice-Beispiele können deswegen nützlich sein, weil die Umsetzung von Inklusion sehr vielfältig sein kann – Inspirationen von anderen Standorten können also hilfreich sein, nicht zuletzt auch, um Fehler, die andere bei der Schulentwicklung hin zu einem inklusiven Modell gemacht haben, nicht zu wiederholen. Schule hat ohnedies den Auftrag, sich beständig weiterzuentwickeln – auch wenn rechtliche Rahmenbedingungen der schulischen Gestaltung häufig auf veralteten Verordnungen basieren. Das ist notwendig, weil sich ja auch die Rahmenbedingungen ändern: Dies lässt sich z. B. besonders gut an den durch die COVID-19-Pandemie notwendig gewordenen Maßnahmen zeigen, die eine – zumindest vorübergehende – Umstrukturierung von Schule und Unterricht nach sich gezogen haben. Aber auch die (durch die Pandemie zusätzlich verstärkten) Entwicklungen hin zur Digitalisierung von Schule und Unterricht und damit die notwendige Medienkompetenz sowohl von Lehrpersonen wie auch von Schüler*innen lässt sich hier beispielhaft anführen (auch weiterführende Krisen, wie Lehrer*innenmangel können sich auswirken). Und nicht zuletzt sind hierunter auch all jene Veränderungen zu zählen, die mit einer Entwicklung hin zu einem inklusiven Schulsystem einhergehen.

Ganz unabhängig von den Inhalten und Zielsetzungen, die verfolgt werden, wird die konstante Weiterentwicklung jeder einzelnen Schule unter dem Begriff der *Schulentwicklung* zusammengefasst. Diese untergliedert sich – Esslinger-Hinz & Sliwka (2011) folgend – in die folgenden Bereiche:

- *Personalentwicklung* zielt einerseits darauf ab, zum Standort und dessen Zielen passende Lehrpersonen bereits bei der Anstellung auszuwählen. Andererseits soll aber auch bereits vorhandenes Personal durch Fort- und Weiterbildungen auf neue Entwicklungsschritte vorbereitet werden und sich notwendige Expertise aneignen.
- *Unterrichtsentwicklung* nimmt insofern einen zentralen Stellenwert für Schulentwicklung ein, als hier Innovationen im Bereich der Didaktik, aber auch der grundsätzlichen Struktur und Ausrichtung von Unterricht diskutiert werden.
- Im Sinne der *strukturellen Entwicklung* einer Schule müssen Raum-, Zeit- und Organisationsstrukturen von Schule und Unterricht konzeptionell er- bzw. überarbeitet werden.
- Die Entwicklung von *Sachvoraussetzungen* beinhaltet sämtliche sach- und ausstattungsbezogenen Aspekte.
- Die *konzeptionelle Weiterentwicklung* der Schule wiederum hat die grundsätzliche inhaltliche Ausrichtung im Blick. Hierzu zählen auch die Dokumentation des Entwicklungsprozesses sowie der Auftritt nach außen.
- *Schulkultur* wiederum ist einer der zentralen Schlüssel für die erfolgreiche Weiterentwicklung einer Schule. Gemeint sind hier die in einer Schule implizit wie explizit gelebten Normen und Werte, übliche Verhaltensstile, das Spektrum an gelebten Emotionen sowie sämtliche sächliche Manifestationen (also Gegenstände), die die jeweilige Schulkultur repräsentieren. Nur, wenn die Gesamtentwicklungen zur Kultur einer Schule passen, kann Entwicklung auch tatsächlich zielführend stattfinden. Dennoch wird, Esslinger-Hinz & Sliwka (2011) fol-

gend, der Aspekt der Schulkultur leider zumeist unterschätzt.

Wesentlich ist, dass diese Bereiche – vor allem im Sinne einer inklusiven Schulentwicklung – nicht getrennt voneinander zu bearbeiten sind. Es sollte Bewusstsein darüber bestehen, dass nur ein Ineinandergreifen der genannten Aspekte tatsächlich zu nachhaltiger Entwicklung führen kann. Angemerkt werden muss aber auch, dass hier zwar vordergründig Lehrkräfte als Akteur*innen von Schulentwicklung angesprochen sind. Tatsächlich ist eine erfolgreiche Planung und Umsetzung allerdings nur dann möglich, wenn alle an Schule beteiligten Akteur*innen – also Schüler*innen, Eltern und Erziehungsberechtigte, Lehrpersonen sowie administratives Personal, aber auch Schulbehörden – am selben Strang ziehen.

Wenn wir davon ausgehen können, dass Mechanismen und Strategien zur Schulentwicklung ganz allgemein in allen Schulen eine Rolle spielen (müssen), so liefert dies einen idealen Anknüpfungspunkt für die Entwicklung und Implementierung eines inklusiven Ansatzes an einem spezifischen Schulstandort. Greifen mehr Standorte diesen Fokus auf, kann die Entwicklung auf Ebene der Einzelschule verlassen werden, und der Weg in Richtung eines inklusiven Schulsystems ist zumindest eröffnet, wenn auch noch nicht geebnet.

Wer Ernst machen möchte mit inklusiver Schulentwicklung findet im *Index für Inklusion* (Booth & Ainscow 2019) ein geeignetes Instrumentarium, das für die strukturelle Neuausrichtung eine wertvolle Unterstützung darstellen kann. Der *Index* wurde gemeinsam mit Lehrer*innen, Eltern, Schulvorständen, Wissenschaftler*innen und Vertreter*innen von Behindertenorganisationen entwickelt, um eine möglichst große Praxisrelevanz aufweisen zu können. Er erschien erstmals im Jahr 2004 und durchlief seither einige grundlegende Überarbeitungsschleifen. Die deutsche Version des *Index* zeichnet sich dadurch aus, dass sie nicht bloß übersetzt, sondern auf die Schul- und Bildungssysteme im deutschsprachigen Raum adaptiert wurde. Das Resultat ist ein sich in beständiger Weiterentwicklung befindlicher und dabei dennoch konkreter und für den Schulalltag bzw. die Schulpraxis tauglicher Leitfaden zur Weiterentwicklung der einzelnen Schule. Er kann als Ganzes durchlaufen werden, wie auch einzelne Aspekte daraus entnommen werden können – je nach Bedarf der Schule oder sogar einzelner Lehrpersonen (Biewer, Proyer & Kremsner 2019).

Grundsätzlich steht die Entwicklung eines inklusiven Leitbildes im Zentrum der Arbeit mit dem *Index für Inklusion*. Die Arbeit mit dem *Index* eignet sich für alle Schulformen (aber auch für Hochschulen und Universitäten). Dabei wird auch auf solche Aspekte Bezug genommen, die inklusiven Bestrebungen entgegenstehen und die von Schüler*innen wie auch von Lehrer*innen oftmals als Druck wahrgenommen werden: Gemeint sind hier u. a. strukturelle, von außen vorgegebene Aspekte, aber auch die durch kategoriale Zuschreibungen vorgesehene Verteilung von Ressourcen sowie die Leistungs- und Kompetenzorientierung an Schulen, die sich auch durch die Vergabe von Schulnoten ausdrückt (Booth & Ainscow 2019; Biewer, Proyer & Kremsner 2019).

Der *Index für Inklusion* ist in die folgenden drei Dimensionen untergliedert (nach Booth & Ainscow 2019):

Dimensionen des *Index für Inklusion*	
Dimension A: Inklusive Kulturen schaffen »Kulturen spiegeln Beziehungen und tief verankerte Werte und Überzeugungen wider. Eine Veränderung von Kulturen ist für eine nachhaltige Entwicklung unabdingbar.« (Booth & Ainscow 2019, 23)	Dimension A1: Gemeinschaft bilden Dimension A2: Gemeinschaft verankern
Dimension B: Inklusive Strukturen etablieren »Strukturen beschäftigen sich mit der Frage, wie die Schule geführt und organisiert wird und wie sie verändert werden kann.« (ebd.)	Dimension B1: Eine Schule für alle entwickeln Dimension B2: Unterstützung für Vielfalt organisieren
Dimension C: Inklusive Praktiken entwickeln »Praktiken beschreiben, wie und welche Lernbereiche und Lernarrangements gemeinsam entwickelt werden.« (ebd.)	Dimension C1: Curricula für alle erstellen Dimension C2: Das Lernen orchestrieren

Jede (Sub-)Dimension ist in eine mannigfaltige und äußerst detaillierte Reihe von Indikatoren untergliedert, die sich in einen abermals sehr kleinteilig formulierten und damit im schulischen Alltag bearbeitbaren Fragebogen aufsplitten. Diese sollen vor allem die Reflexion innerhalb des Teams ermöglichen. Die abgefragten Bereiche erstrecken sich von der schulischen Gesamtkonzeption bis in die Planung einer einzelnen Unterrichtsstunde. Sie erweisen sich deshalb als äußerst hilfreiches Instrumentarium für alle an Schule beteiligten Akteur*innen. Darüber hinaus ist der Index ggf. auch außerhalb von Schulentwicklungsprozessen als Anregung für einzelne Lehrpersonen und deren (inklusiven bzw. inklusiv werdenden) Unterricht geeignet, weil einzelne, direkt auf Unterricht bezogene Aspekte auch losgelöst von ›großen‹ Entwicklungsprozessen Anwendung finden können.

Das kann am besten anhand eines Beispiels veranschaulicht werden: Der Indikator C1.13 (siehe Booth & Ainscow 2019, 183) trägt den Titel: »Die Kinder und Jugendlichen setzen sich mit Fragen der Ethik, Politik und Macht auseinander«. Dabei verweist der Buchstabe C auf die Dimension »Inklusive Praktiken entwickeln«, die folgende 1 auf die Subdimension C1 (»Curricula für alle erstellen«). Die abermals folgende 13 wiederum ist die Ordnungsziffer, die diesem Indikator innerhalb des Kapitels C1 zugewiesen wurde. Der Indikator C1.13 beinhaltet nun eine ganze Fülle an Fragen, die ein Schulentwicklungsteam sich stellen und zur eigenständigen Reflexion nutzen kann – insgesamt werden 68 Fragen zu 6 Themenfeldern innerhalb dieses Indikators formuliert. Hier sind ein paar Beispiele aus Booth & Ainscow (2019, 183 f.):

- Themenbereich »Lokal und global denken« (insgesamt 5 Fragen); z. B. »Tragen Expert*innen aus der Umgebung zum Unterricht bei, z. B. Philosoph*innen, Politiker*innen, Banker*innen, Gewerkschafter*innen, Naturwissenschaftler*innen, Geisteswissenschaftler*innen und Vertreter*innen von Religionsgemeinschaften?«
- Themenbereich »Wer hat Macht?« (insgesamt 5 Fragen); z. B. »Denken die Kinder und Jugendlichen darüber nach, wer die Macht hat, Entscheidungen zu treffen, die ihr Leben beeinflussen – in ihrer Familie, ihrer Schule, ihrer Gemeinde, ihrem Land und weltweit?«

- Themenbereich »Nationalstaat und Grenzen« (insgesamt 7 Fragen); z. B. »Betrachten die Kinder und Jugendlichen Bündnisse zwischen Regierungen und gehen sie der Frage nach, warum Länder als Verbündete oder als Feinde gesehen werden?«
- Themenbereich »Demokratie und andere Staatsformen« (insgesamt 15 Fragen); z. B. »Erforschen die Kinder und Jugendlichen, welche Vorteile es hat, wenn bestimmte Leistungen in privater bzw. in staatlicher Hand sind, z. B. die Herstellung von Kleidung, der Personen- und Güterverkehr, Banken, Bildung, Wasserversorgung, Telefon, Gas und Strom?«
- Themenbereich »Rechtssysteme« (insgesamt 7 Fragen); z. B. »Lernen die Kinder und Jugendlichen, welchen Einfluss internationale Gesetze auf ihr Leben haben?«
- Themenbereich »Öffentliche und private Finanzierung« (insgesamt 14 Fragen); z. B. »Beschäftigen sich die Kinder und Jugendlichen mit der Frage, wie sich die internationale Finanzsituation auf die Staatsfinanzen auswirkt?«
- Themenbereich »Persönliche und politische Ethik« (insgesamt 9 Fragen); z. B. »Beschäftigen sich die Kinder und Jugendlichen mit der Frage, was eine ethisch ausgerichtete Außenpolitik macht?«
- Themenbereich »Vergangenheit, Gegenwart und Zukunft verbinden« (insgesamt 6 Fragen); z. B. »Lernen die Kinder und Jugendlichen etwas darüber, wie für demokratische Rechte gekämpft wurde bzw. noch heute gekämpft wird?«

Zudem werden für jeden Indikator Schnittmengen zu anderen Indikatoren innerhalb des Index angegeben. Diese sind am Beispiel des angeführten Indikators C1.13 z. B. zu finden in den Indikatoren A1.7 (»Die Schule ist ein Modell für demokratisches Zusammenleben«), A2.1 (»Die Schulgemeinschaft verständigt sich über gemeinsame inklusive Werte«), A2.2 (»Die Schulgemeinschaft setzt sich für die Achtung der Menschenrechte ein«) und C1.12 (»Die Kinder und Jugendlichen setzen sich mit dem Thema ›Arbeit‹ und der Entwicklung eigener Interessen auseinander«).

4.3 Inklusive Beschulung in der Sekundarstufe II

Wir können bis hierhin zusammenfassen: In den deutschsprachigen Ländern haben wir es mit einem mehrgliedrigen Schulsystem zu tun, das über bestimmte Ebenen hinausgehend keine spezialisierten Angebote setzt, sondern spezifische Schüler*innengruppen nicht mehr als im Schulsystem verortet betrachtet. Dies wird meist mit Leistungsfähigkeit assoziiert und bedingt eine Aufsplittung der Möglichkeiten, also Zugang zu höheren Bildungsangeboten (in weiterer Folge auch universitäre Bildung) oder eben nicht. Vor allem in der Sekundarstufe II wird Inklusion also zur Ausnahme. Der Grund dafür liegt auch im Ende der (Vollzeit-)Schulpflicht: Nach dem 9. (bzw. je nach Bundesland auch nach dem 10. Schuljahr) können Schüler*innen die Schule verlassen und in die Berufsausbildung wechseln. Dies wiederum führt dazu, dass es keine Pflichtschulangebote für die (10. bzw.) 11. Schulstufe und höher gibt. Zur Verfügung stehen lediglich weiterführende Schulen – und diese sind im Unterschied zu den Pflichtschulen nicht dazu gezwungen, Schüler*innen aufnehmen zu müssen. Im Kontext der weiterführenden Schulen wiederum befeuert die strikte Trennung von Berufsbildung und akademischer Bildung – so Textor (2015) – zudem zusätzlich den Ausschluss bestimmter Schüler*innengruppen.

Als Selektionsmechanismus kommen dabei vordergründig Leistungskriterien zum Tragen. Bei berufsbildenden mittleren Schulen ist dies in der Regel der positive Abschluss der 9. bzw. 10. Schulstufe (zumeist nach Regelschullehrplan und ggf. gekoppelt mit einem Aufnahmetest). Diejenigen Schulformen, die zur Hochschulreife (Abitur oder Matura) führen, selektieren meist streng über den Notendurchschnitt und fordern oft ebenfalls einen Aufnahmetest ein. Laut Siedenbiedel (2017) stellt Inklusion im Gymnasium eine Zäsur dar, da das System bisher auf selektiven leistungsfokussierten Kriterien basierte.

In die konkrete Praxis übersetzt bedeutet dies, dass Schulen der Sekundarstufe II in der Regel selbst entscheiden, welche Schüler*innen sie aufnehmen und welche nicht. Und auch wenn sie dabei nicht völlig willkürlich vorgehen können, werden oft Gründe geltend gemacht, um Schüler*innen mitunter auch trotz der erbrachten Leistungen abzulehnen. Die Art der Behinderung spielt dabei genauso eine Rolle wie die Bereitschaft der Schulleitungen und Lehrpersonen sowie der Eltern an den unterschiedlichen Standorten. Für viele Schulen stellt es z. B. eine Herausforderung dar, Schüler*innen mit spezifischen Bedarfen den Schulbesuch zu gewähren – beispielsweise, wenn diese pflegerische Handlungen oder Ruheräume benötigen. Hier kann der schlichte Mangel an Räumen zur Ablehnung führen, ebenso wie mangelnde Barrierefreiheit Rollstuhl- oder Gehhilfen-nutzende Schüler*innen auszuschließen vermag.

Wenn wir den Blick von den schulautonomen Entscheidungen weg auf das für die Zulassung zur Sekundarstufe II notwendige Selektionskriterium Leistung richten, lässt sich feststellen, dass spezifische Schüler*innengruppen aufgrund der in den deutschsprachigen Schul- und Bildungssystemen angelegten Strukturen in besonderem Maße benachteiligt werden (siehe hierzu auch Kapitel 3.5). Dazu lässt sich eine Fülle an Beispielen finden, von denen lediglich eine kleine Auswahl hier angeführt werden soll: Der Abschluss der 9. bzw. 10. Schulstufe nach dem Regelschullehrplan ist für viele (wenn auch nicht alle) Schüler*innen ein hartes Knock-Out-Kriterium. Das bedeutet, dass viele Schüler*innen diese Hürde nicht schaffen – selbst dann, wenn diese in berufsbildenden mittleren Schulen aufgrund des darin angelegten Berufsprofils mitunter gute Chancen hätten. Dies gilt nicht nur, aber insbesondere für Schüler*innen, die in den Bereichen Lernen, emotionale und soziale sowie geistige Entwicklung sonderbeschult werden. Gerade für die letztgenannte Gruppe bleibt allzu oft trotz Ausbildungspflicht bis 18 als einziger weiterführender Weg die Werkstatt für behinderte Menschen (WfbM) bzw. eine sogenannte »Beschäftigungstherapie«.

Aber auch Schüler*innen, die nach dem Regelschul-Lehrplan unterrichtet werden, erfahren hier oftmals Barrieren. Dies kann einerseits daran liegen, dass schulische Lernziele nur unter erschwerten Bedingungen erreicht werden können. So haben – Lenz et al. (2021) folgend – Schüler*innen mit einer anderen Erstsprache als Deutsch potentiell Nachteile aufgrund der Unterrichtssprache Deutsch, während ihre Kompetenz, eine andere Sprache fließend zu beherrschen, zumeist keinerlei Berücksichtigung im schulischen System findet (es sei denn, es handelt sich um eine der angebotenen lebenden Fremdsprachen wie Englisch, Französisch, Italienisch oder Spanisch). Dass es unter diesen Bedingungen deutlich schwieriger ist, die 9./10. Schulstufe idealerweise auch noch exzellent (für weiterführende Schulen) abzuschließen, verwundert kaum – und ist keineswegs in direkte Verbindung mit intellektuellen Leistungsniveaus zu bringen.

Zumindest theoretisch anders behandelt werden diejenigen Sprachen, die verfassungsrechtlich anerkannt sind, wie dies z. B. bei der deutschen, österreichischen und auch schweizerdeutschen Gebärdensprache der Fall ist. Mit ihnen müssen Schulen umgehen. Doch auch hier wird trotz rechtlichen Anspruchs viel zu selten Unterricht in die jeweilige Gebärdensprache übersetzt (Kramreiter & Krausneker 2019). Und selbst in den seltenen Fällen, in denen dieser so genannte bimodal-bilinguale Unterricht als Idealvariante stattfindet, entsteht dennoch spätestens dann ein erheblicher Nachteil, wenn (vor allem schriftlich) geprüft wird. Die Gebärdensprachen im deutschsprachigen Raum sind nämlich keineswegs gleichzusetzen mit Deutsch als Sprache, d. h. der Übertrag von Gebärdensprache auf schriftlich ausgedrücktes Deutsch funktioniert nicht automatisch. Davon abgesehen ist aber natürlich auch darauf hinzuweisen, dass jede Form der Übersetzung immer ein gewisses Risiko des Informationsverlustes nach sich zieht, so dass Schüler*innen unverschuldet mitunter gar nicht erst alles lernen können, was sie zum Bestehen eines Tests o. Ä. beherrschen müssten. Dies wirkt sich auch in den Abschlussnoten aus. Zusammengefasst bedeutet dies, dass der Eintritt in die Sekundarstufe II in einer Vielzahl von Fällen formal völlig legitim ausgeschlossen wird. Die dahinterliegenden Gründe bleiben zumeist jedoch unbeleuchtet, verweisen nicht selten aber auf strukturelle Benachteiligungen.

Wenn Schüler*innen in der Sekundarstufe II ›unterkommen‹, verschärft sich die Problematik abermals: Durch verstärkten Fokus auf Kompetenzorientierung, zusätzlich befeuert durch das Zentralabitur (in einigen deutschen Bundesländern) bzw. die Zentralmatura (flächendeckend in Österreich) wird hohe Leistungsfähigkeit forciert. In Deutschland wird dies durch ›nationale Bildungsstandards‹ in einzelnen Fächern ausgedrückt, die Vergleichbarkeit in einzelnen Fächern sicherstellen sollen. Diese formulieren laut Gudjons & Traub (2016) Kompetenzerwartungen, die an den Outputs von Schüler*innen gemessen werden sollen. Ausgegangen wird dabei von Mindeststandards und nicht, wie zuvor, am mittleren Abschneiden von ›Durchschnittsschüler*innen‹. Neben vielen Kritikpunkten ist wohl der wichtigste, dass dadurch eine deutliche Tendenz zu bloßem ›teaching to the test‹ besteht und zeitaufwändige Bildungsprozesse einschließlich selbstorganisierten und selbstgesteuerten Lernens dadurch vernachlässigt werden. Befeuert werden solche Tendenzen zusätzlich durch den Auftrieb der so genannten ›evidenzbasierten Praxis‹. Gemeint ist damit, dass spätestens infolge des ›PISA-Schocks‹ (also den Auswirkungen der PISA-Studie) mehr oder weniger ausschließlich empirisch abgesicherte Erkenntnisse (meist sind diese quantitativer Natur) in der pädagogischen Praxis umgesetzt werden sollten (Esslinger-Hinz & Sliwka

2011). Dem zum Opfer fallen freie, kreative Lehr- und Lernmethoden, die eigenständiges Denken befördern und ein größeres Maß an Flexibilität und Individualität im Unterricht ermöglichen bzw. auch benötigen. Gerade solche Ansätze sind es aber, die für inklusive Schule essentiell wären.

Dazu kommt, dass sich Lehrpersonen als nicht bzw. nicht ausreichend vorbereitet für eine inklusive Beschulung in der Sekundarstufe II einschätzen. Ansätze aus dem Bereich der inklusiven Didaktik scheinen mit einem bestimmten Niveau nicht mehr umsetzbar (Musenberg & Riegert 2015). Ideen zur Bearbeitung von komplexen Inhalten und Beispiele für deren Umsetzung sind nach wie vor die Ausnahme (Schellenberg et al. 2020). Außerdem mangelt es an technischer Ausstattung sowie an entsprechenden Angeboten in der Aus- und Weiterbildung für Lehrkräfte.

Auch wenn z. B. die Laborschule Bielefeld als gelungenes Beispiel für die Vorbereitung für den Übergang von der Pflichtschule in die weiterführende Schule betrachtet werden kann (Textor 2015), gibt es für die Sekundarstufe II wenig bis gar keine Erfahrungen mit Inklusion in den deutschsprachigen Ländern – es kann also nur bedingt auf Best- bzw. Good-Practice-Beispiele zurückgegriffen werden. Einige Standorte versuchen, das Abitur bzw. die Matura für Schüler*innen mit spezifischen Formen von Behinderung anzubieten; allen voran genannt seien hier Schüler*innen mit Sinnesbehinderungen sowie körperbehinderte Jugendliche. Trotz der oben bereits genannten strukturellen Benachteiligungen schaffen sie es mitunter auch sehr weit in diesem vertikalen Schulsystem. Solange es aber dabei bleibt, dass Schüler*innen aufgrund kategorialer Zuschreibungen (d. h., weil bei ihnen eine bestimmte Form der Behinderung festgestellt wurde) aufgenommen oder aber abgelehnt werden, haben wir es eher mit Integration denn mit Inklusion zu tun (zur Unterscheidung siehe Kapitel 1.1 und 1.2). Damit sich daran etwas ändert, braucht es gleichermaßen politischen Willen wie auch die Bereitschaft aller beteiligten Akteur*innen an den entsprechenden Schulen. Gerade wenn es um Inklusion in der Sekundarstufe II geht, wird dieser Wille aber als nicht allzu hoch eingeschätzt (Textor 2015; Biewer, Böhm & Schütz 2015).

5 Rahmenbedingungen im System Schule

Die Fragen, wer im Bildungssystem welche Form der Schule besuchen soll, wer welcher Leistungsstufe oder welchem Lehrplan zugeordnet wird bzw. wer in ein spezialisiertes Setting ›geschoben‹ werden soll oder muss, werden in Zusammenhang mit Schule als Ganzes viel diskutiert. Im Blickfeld sind dabei

1. Prozesse der Feststellung oder Diagnose von ›normabweichenden‹ Fähigkeiten von Kindern und Jugendlichen bzw. Nachweis von Behinderungen
2. davon abgeleitete Zuteilungen zu bestimmten schulischen Kontexten, Lehrplänen oder Leistungsumfeldern
3. individuelle Zuordnungen von spezifischen Lernmaterialien

Wenn Inklusion eigentlich nach einer flächendeckend einzuführenden Schulform für *alle* verlangt, zeigen sich diese ohnehin dauerhaft diskutierten Fragen wie unter einem Brennglas. Wie sollen in einer solchen Form der Beschulung unterschiedliche Voraussetzungen erhoben werden, ohne kategoriale Zuschreibungen zu reproduzieren? Welche Auswirkungen haben solche Feststellungsverfahren auf Schüler*innen selbst, die Klasse, die Gestaltung des Unterrichts und andere Bereiche?

Bislang – im ›traditionellen‹ Schulsystem – hängt die Zuteilung zu Schulformen und zu Lehrplänen (zumindest grob gefasst) von medizinisch ausgerichteten Diagnosestellungen und/oder von Leistungsfeststellungen ab. Es werden also Marker und Richtwerte eingezogen, die einen Zugang zu Regelformen der Beschulung oder spezifischer Förderung regulieren. Diese sind üblicherweise entlang medizinischer oder biologischer Aspekte orientiert, mithin also nicht inklusiv. Aspekte wie das schulische Umfeld, sprachliche Facetten oder auch andere Rahmenbedingungen spielen keine oder eine nur nachrangige Rolle. Dazu kommt, dass Kinder und Jugendliche spezifisch zu einem mehr oder weniger standardisierten und starr festgelegten Ziel hin gefördert werden müssen. Dies kann die Erreichung der nächsten Schulstufe, die Erfüllung der im Lehrplan vorgegebenen Inhalte u. Ä. sein. In einem inklusiv ausgerichteten Schulsystem soll sich aber die Blickrichtung wenden: Nicht die Schüler*innen sollen sich dem System anpassen, sondern die Lernumgebung und das dahinterliegende System sind entlang der Bedarfe der Kinder und Jugendlichen auszurichten. Welche Dilemmata, aber auch welche Möglichkeiten sich daraus ergeben, ist Inhalt des nachfolgenden Kapitels.

5.1 Ressourcenverteilung und Diagnosestellung – Dilemmata im Kontext inklusiver Pädagogik

Leistung stellt (auch außerhalb von Schule und Unterricht) gleichsam *die* zentrale Bezugsgröße unserer gesellschaftlichen Ordnung dar: Die Annahme, dass die Verteilung von Macht und Gütern entlang individuell erbrachter Leistung erfolgt, wird als »meritokratisches Prinzip« bezeichnet. Demzufolge erreicht höhere Positionen und bessere ökonomische Ausstattung, wer die höchste Leistung erbringt

(Sturm 2016). Nun könnte behauptet werden, dass gerade dadurch ja alle Menschen die gleichen Chancen bekommen, denn wenn ausschließlich Leistung zählt, rücken Faktoren wie familiär oder gesellschaftlich bedingte Voraussetzungen, besonders gute oder besonders schlechte (infra-)strukturelle Bedingungen u. Ä. in den Hintergrund. Vernachlässigt wird bei einer solchen Argumentation jedoch jede Form der kategorialen Benachteiligung, die Menschen im Kontext von (hoher) Leistungserbringung behindert (siehe hierzu ausführlich Kapitel 3).

Wenig überraschend spielt Leistung auch in Schule und Unterricht eine zentrale Rolle (siehe Kapitel 3.5). So orientiert sich die Zuteilung von Ressourcen oft am meritokratischen Prinzip. Leistung bildet aber auch die zentrale Möglichkeit, Schüler*innen zu ›messen‹ und in weiterer Folge entlang eines bestimmten Spezifikums einzuteilen (z. B. in ›gute‹ und ›schlechte‹ Schüler*innen; in Schüler*innen, die sich (nicht) für weiterführende Schulen qualifizieren usw.). Esslinger-Hinz & Sliwka (2011) folgend kann Leistungsbeurteilung als eine spezifische Form der Leistungs*diagnostik* bezeichnet werden. Leistung kann aber überhaupt erst gemessen werden, wenn eine konkrete Bezugsnorm angelegt wird. Hier bieten sich die folgenden Möglichkeiten an:

- Die *individuelle Bezugsnorm* vergleicht die aktuelle Leistung eines Schülers bzw. einer Schülerin mit den eigenen früheren Leistungen.
- Die *kriteriale bzw. sachliche Bezugsnorm* bemisst die Leistungen von Schüler*innen anhand von außen vorgegebenen Kriterien (wie z. B. Bildungsstandards). Die

erbrachte Leistung wird dann mit diesem feststehenden Kriterium verglichen.

- Die *soziale Bezugsnorm* setzt die individuelle Leistung eines Schülers bzw. einer Schülerin in Beziehungen zu den Leistungen der anderen Schüler*innen in der Klasse (ebd.).

In den Schulsystemen der deutschsprachigen Länder spielt vor allem die kriteriale bzw. sachliche Bezugsnorm eine zentrale Rolle – zumindest dann, wenn nachhaltige Bildungsentscheidungen anstehen, wie dies z. B. beim Wechsel von der Grundschule in die Sekundarstufe, beim Wechsel von der Sekundarstufe I in die Sekundarstufe II bzw. in Ausbildungen oder aber mit dem Erreichen der Hochschulreife der Fall ist. Dass dies aus Sicht einer inklusiven Pädagogik problematisch ist, dürfte kaum überraschen: Ein Schüler bzw. eine Schülerin muss demzufolge zu einem bestimmten Zeitpunkt (der sich noch dazu vordergründig vor allem am Alter orientiert) bestimmte Inhalte beherrschen. Dies benachteiligt ganze Schüler*innengruppen, ohne die dahinterliegenden Gründe in den Blick zu nehmen. Betroffen sind vor allem jene Kinder und Jugendlichen, die unter erschwerten Rahmenbedingungen leben.

Damit zusammenhängend wird Leistungsmessung auch als zentraler Aspekt in der Zuteilung von Schüler*innen zu spezifischen Schulformen sowie im Kontext der Diagnosestellung verhandelt. Sofern die Beschulung in Sonder- bzw. Förderschulen im Raum steht, wird hierfür oft auch der Begriff des ›Feststellungsverfahrens‹ verwendet. Dieses fokussiert allerdings nach wie vor hauptsächlich auf medizinische bzw. biologische Faktoren. In der Folge bedeutet dies die einseitige Reduktion auf einen Ausschnitt aller relevanten Aspekte.

Die Feststellung von sonderpädagogischen Förderbedarfen geht aktuell auch meist mit der Zurverfügungstellung von finanziellen Ressourcen einher. Hier lässt sich ein Dilemma identifizieren: Tendenziell werden finanzielle Ressourcen einem einzelnen Schüler bzw. einer einzelnen Schülerin zugedacht – z. B., indem ein zusätzliches Stundenkontingent durch eine spezialisierte Lehrperson bewilligt wird. Dies führt absurderweise mitunter dazu, dass Schüler*innen mit einem sonderpädagogischen Förderbedarf versehen werden, um dringend notwendige (Personal-)Ressourcen zu bekommen und/oder aufrechterhalten zu können (Pfahl 2011). Dabei verweist die individuelle Zuteilung von Ressourcen auf die vordergründig medizinische oder/und psychologische Ausrichtung des Verfahrens.

Der mit der Feststellung eines sonderpädagogischen Förderbedarfs einhergehende Verdacht auf eine Abweichung von einer festgelegten Norm geht – sofern nicht bereits im Kindergarten entsprechende Zuweisungen vorgenommen wurden – meist von der Lehrperson aus. Interessanterweise löst sich die weitere Vorgehensweise dann aber aus dem pädagogischen Kontext, denn wenn ein Feststellungsverfahren eingeleitet wird, verläuft dieses meist entlang standardisierter, psychologisch und medizinisch ausgerichteter Testungen von Fähigkeiten im körperlichen, sensorischen und kognitiven Bereich.

Der Ansatz der an individuellen und kategorial interpretierten Schüler*innenbedarfen ausgerichteten Ressourcenverteilung steht einer inklusiven Vorstellung fundamental entgegen, da diese sich an einem sozialen Modell von Behinderung oder anderen alternativen Behinderungsmodellen orientiert. Aus diesem Grund erfordert ein inklusiv ausgerichtetes Schulsystem die Zuteilung von Ressourcen unabhängig von einzelnen Schüler*innen. Relevant ist die gesamtschulische Ausstattung sowie die Gestaltung von Lernumgebungen in einzelnen Klassen, die dafür ausgelegt sein müssen, dass sie allen Schüler*innen genügen. Allerdings begegnen wir an dieser Stelle auch *dem* zentralen Dilemma der inklusiven Pädagogik: nämlich der Frage danach, ob ein inklusives System überhaupt ohne spezifische, ggf. auch kategorial gefasste Zuschreibungen auskommen kann. Bereits in den 1990ern wurde dieses Dilemma von Brahm Norwich (2008) als zentrale Herausforderung formuliert: Darf die Feststellung von besonderen Bedarfen in einem inklusiven System überhaupt ausschlaggebend für Fragen der Zuordnung zu spezifischen Hilfe- oder Fördersystemen sein?

Die Abkehr von einer individualisierenden und kategorial ausgerichteten Diagnostik wird von vielen Fachvertreter*innen gefordert. Stattdessen soll – auch im Sinne eines weiten Inklusionsverständnisses, das eben nicht nur auf Behinderung fokussiert – der Fokus »auf den Unterstützungsbedarfen der Schüler*innen mir besonderen Risikofaktoren und hoher Vulnerabilität« (Neumann & Lütje-Klose 2020, 4) liegen. Immer häufiger wird deshalb auch gefordert, die Bedarfe der jeweiligen Schüler*innen über medizinische und medizinisch-psychologische Diagnostik hinaus zu erfassen. Ein Beispiel dafür sind die in einigen Teilen der Schweiz durchgeführten ›Schulischen Standortgespräche‹ (Hollenweger & Lienhard 2008). Diese orientieren sich an einer Modellierung von Behinderung anhand des bio-psycho-sozialen Modells (siehe Kapitel 3.1), das auch umwelt- und umfeldbezogene Aspekte in die Diagnostik mit aufnimmt. Und egal, welcher Ansatz verfolgt wird: den Eltern und/oder Erziehungsberechtigten kommt in jedem Fall eine wichtige Rolle zu, denn die Einleitung einer Diagnosestellung bedarf ihres Einverständnisses. Dies ist ein Schritt, der keineswegs einfach ist und von Eltern auch nicht immer befürwortet wird. Entsprechend bedarf es guter Zusammenarbeit mit Lehrpersonen und anderen professionellen Beratungseinrichtungen.

Wir halten also fest: Aktuell kann eine Verschiebung von einer rein medizinisch oder psychologisch orientierten hin zu einer holistischeren, in Ansätzen inklusiven Diagnostik beobachtet werden. Diese bleibt bisher aber häufig ohne Auswirkungen auf die Zuordnung zu (Sonder-) Schulformen oder Lehrplänen. Simon & Simon befassten sich 2014 mit dieser Verschiebung des Fokus von einer auf Förderung ausgerichteten zu einer inklusiven Diagnostik. Deren zentrale Aspekte sind in der nachfolgenden Tabelle von Simon & Simon (2014, o. S.) zusammengefasst:

	Konzept der Förderdiagnostik	**Inklusive bzw. inklusionsorientierte Diagnostik**
Termini (beispielhaft)	Förderdiagnostik, Lernförderungsdiagnostik, Entwicklungsdiagnostik, pädagogisch-psychologische Diagnostik	inklusionsorientierte / inklusive Diagnostik, pädagogische Diagnostik, willkommen heißende Diagnostik

Ziel-gruppe	Klientelspezifik: Kinder mit vermutetem und/oder diagnostiziertem sonderpädagogischem Förderbedarf, ›Problemkinder‹; Zwei-Gruppen-Theorie (»behindert« vs. »nicht-behindert«)	Überwindung von Klientelspezifik und Zwei-Gruppen-Theorie
Anlass/ Perspek-tive	Störung/Probleme beim/im Kind, fehlende Passung zwischen Bedürfnissen und Bedingungen	Informationsgewinnung als generelle Grundlage pädagogischer Handlungsplanung und -reflexion, Fremdheitshaltung und Offenheit
unmittel-barer Zweck	Problemidentifikation, Erstellen von Förderplänen, Planung pädagogischer Angebote, Adaption von Aufgaben und Lernumgebung, personengebundene Ressourcenlegitimation	Förderplanung, Planung pädagogischer Angebote, Barrieren identifizieren, mindern und beheben, Adaption von Aufgaben und Lernumgebung
Umgang mit Vielfalt	reaktiv, Ressourcenorientierung, Vergleich & Stigmatisierung, Selektion & Platzierung	proaktiv, Antidiskriminierung
Rolle des Diagnos-tikers / der Dia-gnosti-kerin	Interdisziplinär	Ko-Konstruktion

Charakter der Interaktion(en)	Verdinglichung	Anerkennung
Disziplinärer Charakter	Spezialdisziplin (v. a. von Sonderpädagogik) im administrativen Zusammenhang	Keine Spezialdisziplin, Loslösung aus administrativem Zusammenhang

Wir sehen also: Vorwiegend auf individuelle Bedarfe fokussierende Feststellungsverfahren bzw. Verfahren der Diagnosestellung eröffnen (gerade auch in einem System, das noch nicht vollständig auf Inklusion ausgerichtet ist) zahlreiche Fragen der Passung. Dies bleibt nicht folgenlos, denn es ergeben sich Auswirkungen auf die Gestaltung von Bildungsprozessen und hier insbesondere auf curriculare Aspekte sowie Fragen auf kommunikativer und ausstattungsbezogener Ebene, die eine Zuteilung in spezifische Schulsettings er- oder verunmöglichen.

5.2 Auswirkungen auf curricularer, kommunikativer und ausstattungsbezogener Ebene

Aus den beschriebenen Diagnoseverfahren und Feststellungsabläufen ergeben sich Einstufungen, Zuschreibungen, Zuerkennungen und Festlegungen, die weitreichende Auswirkungen sowohl auf einzelne Schüler*innen als auch deren soziales Gefüge sowie auf das Schulsystem als Ganzes haben. Die daraus abgeleiteten Maßnahmen bleiben auf das Einzelindividuum – also auf eine*n Schüler*in – fokussiert. Dies wird in einem inklusiv gedachten System aufzubrechen versucht. Neumann & Lütje-Klose (2020, 8 ff.) gehen von der Unterscheidung zwischen Status- und Prozessdiagnostik aus. Dabei verstehen sie »Statusdiagnostik« als »ein[en] bestimmte[n] Behinderungsstatus auf Grundlage der Ergebnisse psychometrischer Testverfahren«, während »Prozessdiagnostik« die »je spezifische Lebenssituation und die ökologischen Bedingungen betont, unter denen Behinderung entsteht und als solche interpretiert wird, sowie die grundsätzliche Entwicklungsfähigkeit und Veränderbarkeit von Menschen« annimmt. In weiterer Folge verweisen die Autor*innen darauf, dass beide Bereiche zusammengedacht werden müssten und plädieren so für Pluralität: Aus Feststellungsverfahren abgeleitete (Behinderungs-)Diagnosen dürfen dann keineswegs für sich alleine stehen, sondern sind ausschließlich in Zusammenhang mit daraus abgeleiteten Förderplänen oder individualisierten Entwicklungs- oder Lernplänen zu denken.

Wie im vorangegangenen Kapitel bereits gezeigt wurde, ist das Feld der Diagnosestellungen einem laufenden Wandel unterlegen. Die Entwicklung hin zu einem auf Inklusion fokussierten Blick ist bisher in einigen Ländern des deutschsprachigen Raums noch in weiter Ferne. Wie sich dies mittelfristig ändern wird, ist in so stark segregierten Schulsystemen wie jenen in Deutschland, Österreich und der Schweiz auch nicht leicht vorstellbar. Leider bleibt das nicht folgenlos, lassen sich aus einer solchen Form der Diagnostik doch die folgenden Aspekte ableiten:

Curriculare Rahmensetzung

Ausgehend von Diagnosestellungen erfolgen Zuweisungen zu spezifischen, teils abgestuften Rahmenlehrplänen, die einerseits eine Differenzierung innerhalb des Unterrichts ermöglichen sollen, andererseits aber auch zur Zuweisung in spezifische Schulformen oder Klassen führen können – z. B. in Sonder- oder Förderschulen. Als Herausforderung gilt es festzuhalten, dass eine Abänderung oder Umkehr einer solchen Zuordnung zwar grundsätzlich möglich, im Regelfall aber schwer ist und meist mit komplexen Verfahren einhergeht. Vielmehr bestimmt die Zuordnung zu einem vom Regellehrplan abweichenden Curriculum sehr häufig den restlichen Verlauf einer Bildungsbiographie (siehe z. B. Pfahl 2011). Eine Rahmung durch Sonder-Lehrpläne vermag zwar die oft dringend notwendige Orientierung für Lehrkräfte zu bieten, hat aber einen eher unflexiblen Charakter und ist durchwegs kritisch zu betrachten.

Hinweise zur Gestaltung von Schul-, Lern- und Kommunikationsräumen

Aus einer auf den Kernprozess des Lernens fokussierenden (Prozess-)Diagnostik lassen sich eine Reihe von Hinweisen für die barrierefreie Gestaltung des Schulraums, aber auch der Lernumgebung und schulischer Kommunikationsräume ableiten. Eine solche möglichst sogar inklusive Schul-, Lern- und Kommunikationsumgebung kann durch die nachfolgend vorgestellten Merkmale gekennzeichnet sein. Diese stimmen teils mit den von Reich (2014) erarbeiteten

Bausteinen inklusiver Bildung überein. Die Ebenen beziehen sich sowohl auf naheliegende physische Aspekte der räumlichen Gestaltung als auch auf personenbezogene Aspekte, die auf Offenheit, Flexibilität und Kommunikation verweisen:

- *Offenheit* und *Einstellungen*. In einem Schulsystem, das sich hin zu einem inklusiven System entwickeln möchte, ist es wichtig, aktuell noch medizinisch fokussierte Aspekte der Diagnostik flexibel zu verhandeln und hinsichtlich der bestmöglichen Entwicklung der Schüler*innen umzusetzen.
- Eröffnung *kommunikativer Räume*. Im Sinne einer auf die Schüler*innen fokussierten Interpretation schulischer Rahmenbedingungen gilt es, offene, fachübergreifende und multidisziplinäre Zusammenarbeit und Kommunikation unter Beteiligung divergierender Akteur*innen in allen schulischen Kontexten anzustreben. Darüber hinaus sollte unbedingt Raum für unterschiedliche Sprachen eröffnet werden: Gebärdensprache, unterstützte Kommunikation und alternative Kommunikationssysteme, Leichte Sprache, Kommunikation in der Erstsprache – um nur einige zu nennen. Die Forderung nach einer ›Pausensprache Deutsch‹ ist abzuweisen.
- *Barrierefreie Gestaltungselemente*. Dieser Aspekt bezieht sich auf die Lernraum- und Lernumgebungsgestaltung, also sowohl den Schulraum als auch die Ausstattung von Klassen bzw. weiterer Begegnungsorte. Barrierefreiheit oder zumindest -armut ist hierbei über räumliche Barrieren hinausgehend zu verstehen. Vielmehr beinhaltet diese zusätzlich einstellungsbezogene Aspekte (z. B. von

Eltern, Mitschüler*innen, Lehrpersonen und administrativem Personal) sowie jene, die die schulische Umwelt betreffen (z. B. politische, soziale und geographische Lage der Schule, infrastrukturelle Gegebenheiten u. Ä.).

- Zur-Verfügung-Stellung geeigneter *Ressourcen*. Dieser Aspekt adressiert Bereiche außerhalb der einzelnen Klassen und Schulen, z. B. die Ausstattung von Schüler*innen mit Hilfsmitteln, die nicht nur in der Schule zum Einsatz kommen, sondern notwendigerweise auch außerhalb. So macht es z. B. wenig Sinn, wenn Schüler*innen in der Schule mit Hilfsmitteln aus dem Bereich der Unterstützten Kommunikation umzugehen lernen, diese in der Familie oder anderen Bereichen aber nicht genutzt wird. Selbstverständlich können solcherlei Beispiele aber auch umgekehrt gedacht werden, wenn aus den Familien sinnvolle Vorschläge zur Nutzung spezifischer Ressourcen mitgebracht werden, diese aber in der Schule nicht vorhanden sind. Mit diesem Aspekt wird abermals auf die Notwendigkeit umfassender und holistischer Diagnosestellungen verwiesen, aus denen auch die sinnhaft ausgerichteten Ableitungen zur Ausstattung inklusiver schulischer Umgebungen getroffen werden müssen.

Um die soeben angestellten Überlegungen zu vertiefen, wird der Ausgestaltung von Lernumgebungen und insbesondere einer inklusiven Didaktik das nachfolgende Kapitel 6 gewidmet.

6 Unterrichtssituation(en)

Dieses Kapitel widmet sich der Didaktik. Diese umfasst die Vermittlung von fachlichen Inhalten, die Aufbereitung von Lernunterlagen und die Gestaltung von Lernumgebungen, um geeignete Lernvoraussetzungen in unterschiedlichen Lernsettings zu schaffen. Für die einzelnen Unterrichtsfächer ergeben sich spezifische Aufgaben und Notwendigkeiten, Überlegungen bezüglich der inhaltlichen oder fachlichen Vermittlung anzustellen. Dabei handelt es sich um die so genannte Fachdidaktik.

Für die inklusive Didaktik stellt sich demgegenüber grundsätzlich eine allgemeinere Aufgabe, die auch fachliches Wissen voraussetzt, inhaltlich aber auf die Vermittlung fachfremder Inhalte ausgerichtet ist. Hier geht es nämlich um die Frage, wie Inhalte so aufbereitet und vermittelt werden können, dass *alle* Schüler*innen dem Unterricht in je geeigneter Art und Weise folgen und sich Inhalte erschließen können – auf den ersten Blick eine schier unlösbare Aufgabe. Diese Frage wird das Kapitel leiten. Im Folgenden werden die Grundzüge, aber auch Ursprünge und Anwendungsfelder der inklusiven Didaktik erläutert.

6.1 Entwicklungslinien inklusiver Didaktik

Häufig wird der inklusiven Pädagogik eine Nähe zur Reformpädagogik zugeschrieben, die selbstbestimmtes Lernen als Ansatz verfolgt, wie er etwa in der Montessori-Pädagogik anzutreffen ist. Er zeichnet sich durch eine Vielzahl von bereitgestellten und unterschiedlichen Materialien (im Sinne einer ›vorbereiteten Lernumgebung‹) aus. Aufgrund der Nähe zur Reformpädagogik wird mitunter sogar die Behauptung in den Raum gestellt, dass inklusive Didaktik eigentlich nichts Neues anzubieten habe (Musenberg & Riegert 2015).

Vertreter*innen inklusiver Didaktik setzen sich im Regelfall stark mit generellen Fragestellungen der Ermöglichung, Umsetzung, aber auch Positionierung von inklusiver Pädagogik auseinander. Ausgewählte relevante Etappen, die sich darauf beziehen, werden im Folgenden eingeführt.

Von der kritisch-konstruktiven hin zur entwicklungslogischen Didaktik:

Wolfgang Klafki, ein maßgeblicher Vertreter der kritisch-konstruktiven Didaktik, welche den Zusammenhang der Wahl von Inhalten und deren Bedeutung ins Zentrum der didaktischen Planung rückt (Textor 2015), geht von der Frage aus, welche im Lehrplan vorgegebenen Inhalte auch gehaltvolle Bildung versprechen. Seiner Meinung nach verfolgt eine derart ausgerichtete Didaktik das Ziel, Selbstbestimmungsfähigkeit, Mitbestimmungsfähigkeit und Solidaritätsfähigkeit zu vermitteln (Textor 2015). Drei Grundprinzipien sollen dabei Leitlinie sein:

- Recht auf (Allgemein-)Bildung für *alle*
- Bildungsinhalte, die für alle Relevanz aufweisen und Solidarität vermitteln
- allseitige Bildung im Sinne der Entfaltung breiter Interessen und Fähigkeiten

Im Sinne dieser Prinzipien soll Unterricht so geplant und reflektiert werden, dass ein hoher Gehalt der gewählten Bildungsinhalte gegeben ist. Textor (2015) erkennt in Klafkis Ansätzen direkte Anschlussmöglichkeiten für die inklusive Pädagogik und leitet folgende relevante Aspekte für deren didaktische Umsetzung ab:

- normative Grundlage: Relevanz der Allgemeinbildung und der Zusammenstellung geeigneter Inhalte von Unterricht
- Individualisierung: Unterrichtsformen, die Selbständigkeit fördern.
- soziale Beziehungen: Diese werden bei Klafki nicht explizit angesprochen, lassen sich aber über die demokratische Orientierung der Überlegungen ableiten.
- Vielseitigkeit der Inhalte: Im Sinne des Anknüpfens an die vielseitigen Kompetenzen von Individuen lässt sich eine Vielfalt im Themenspektrum verorten.

Ein weiterer zentraler Vertreter in der Tradition der kritisch-konstruktiven Didaktik ist Georg Feuser. Er stellt zur Diskussion, ob Inklusion bzw. anfänglich auch Integration überhaupt einer eigenen Didaktik bedarf oder ob Didaktik generell Angebote für die unterschiedlichen Entwicklungsstufen von Kindern und Jugendlichen bieten muss. Für ihn steht also die Frage im Zentrum, ob eine allgemeine Didaktik nicht ohnedies dem Entwicklungsverlauf der Schüler*innen entsprechende Angebote setzen muss und so unterschiedlichen individuellen Bedarfen gerecht wird. Seiner Meinung nach müssen »für alle Menschen die gleichen didaktischen Prinzipien gelten«; er sieht »keinen Grund für eine spezielle inklusive Didaktik, sondern sieht seinen Ansatz der entwicklungslogischen Didaktik als eine qualitative Weiterentwicklung der bisherigen allgemeinen Didaktik« (Textor 2015, 128). Feuser leitet davon die so genannte ›entwicklungslogische Didaktik‹ ab. Diese definiert er als basal (also an *alle* Kinder und Jugendlichen gerichtet), kindzentriert und allgemein. Letzteres Merkmal deutet darauf hin, dass Bildung keinem Kind vorenthalten werden darf. Zentraler Begriff in Feusers Ansatz ist der ›gemeinsame Gegenstand‹, also ein Thema, an dem alle Schüler*innen gemeinsam in unterschiedlichem Tempo und mit unterschiedlichem Zugang bzw. unterschiedlicher fachlicher Tiefe arbeiten (Musenberg & Riegert 2015). Weitergeführt wurde der Ansatz von Simone Seitz, welche das strenge Aneinanderreihen von Entwicklungsschritten auflöst und sie als variabel und durch die Perspektive der Schüler*innen selbst adaptierbar versteht (Musenberg & Riegert 2015).

Inklusive Didaktik als Teil der Schulentwicklung: Index für Inklusion

Moser Opitz erachtet den *Index für Inklusion* (siehe Kapitel 4.2) als eine weitere Etappe in der Entwicklung einer inklusiven Didaktik. Das Dokument wurde von den beiden Wissenschaftlern Tony Booth und Mel Ainscow in einem partizipativen Prozess mit Lehrpersonen erarbeitet, was eine Besonderheit darstellt, da sich so eine besonders stark ausgeprägte Akzeptanz in der Praxis ergibt. Mittlerweile ist der *Index* ein weitverbreitetes Hilfsmittel der Schulentwicklung. Im Jahre 2003 wurde es zunächst von Boban und Hinz, später gemeinsam mit anderen Kolleg*innen ins Deutsche übersetzt.

Das Werkzeug setzt sich auf drei Ebenen mit der Entwicklung zu einer inklusiven Schule auseinander: So sollen in einem zyklischen Indexprozess inklusive Kulturen, Strukturen und Praktiken etabliert werden. Obwohl es sich hierbei nicht um ein genuin didaktisches Element handelt, spielt Didaktik doch vor allem auf der dritten Ebene, jener der Etablierung von inklusiven Praktiken, eine zentrale Rolle (Moser Opitz 2014).

Kersten Reich: Bausteine konstruktivistischer Didaktik

Wie in Kapitel 6.2 weiter erläutert wird, erarbeitete Reich eine Reihe von Rahmenbedingungen für inklusive Didaktik, die sich bausteinartig zusammenführen lassen und darauf verweisen, dass zahlreiche Rahmenbedingungen gegeben sein müssen, so dass Inklusion im Generellen und inklusive Didaktik im Speziellen gelingen können (Reich 2014). Reichs Beitrag bietet eine gute Verortung der inklusiven Didaktik innerhalb des weiten Feldes der inklusiven Schule. Mitunter wird dieser Zugang als verkürzt betrachtet, da der Bezug zur Sache bzw. dem Unterrichtsinhalt hinter alle weiteren Rahmenbedingungen und die je individuellen Bedarfe gerückt wird. Es geht also mehr um die Rahmenbedingungen als um konkrete didaktische Handhabe, was als einseitig erachtet werden kann (Musenberg & Riegert 2015).

Weitere spezialisierte und lokalisierte Variationen und Beispiele der inklusiven Didaktik werden in Kapitel 6.3 und 6.4 erläutert. Wie sich zeigt, ist der Diskurs rund um inklusive Didaktik von der Frage nach der Notwendigkeit per se bzw. der Art der Ausprägung charakterisiert. Ein weiterführendes Thema, das in Zusammenhang mit inklusiver

Didaktik diskutiert wird, ist jenes der Lehrer*innen-Aus- und -Weiterbildung, denn inklusive Didaktik, mit ihren vielfältigen Ansprüchen, bedarf einer gelingenden Aneignung, idealerweise bereits im Grundstudium. Aktuell ergibt sich eine Diskussion über spezialisierte Ausbildungsstränge, die sich an Förderschwerpunkten orientieren oder die alternativ dazu zu einem Strang zusammengeführt und an eine breit gefächerte, generalisierte bzw. inklusive Professionalisierung gekoppelt wird. Regional gibt es hier sehr unterschiedliche Zugänge. So hat beispielsweise Österreich alle Ausbildungsstränge mit sonderpädagogischer Ausrichtung auf dem Niveau der Sekundarstufe zugunsten einer Spezialisierung auf Inklusion aufgegeben.

6.2 Grundzüge einer inklusiven Didaktik

Textor (2015) geht in ihren Erläuterungen zur inklusiven Didaktik so weit, zu fragen, ob es diese überhaupt braucht. Sie schließt damit in gewisser Weise an die Ideen Feusers zu entwicklungslogischen Ideen an (siehe Kapitel 6.1): »Um für inklusive Lerngruppen geeignet zu sein, braucht ein didaktisches Modell daher nicht explizit auf den Unterricht mit Kindern mit unterschiedlichen sonderpädagogischen Förderbedarfen einzugehen. Es muss aber möglich sein, mit ihm den Unterricht in inklusiven Lerngruppen, zu denen auch Kinder mit sonderpädagogischem Förderbedarfen gehören, zu planen und zu analysieren« (Textor 2015, 121).

Angespielt wird damit darauf, dass es in einer divers zusammengesetzten Gruppe von Lernenden ein Eingehen auf die individuellen Bedarfe der Schüler*innen braucht –

was in einem inklusiven Lernumfeld ohnedies gegeben sein sollte. Es handelt sich also um ein inklusiv gestaltetes Lernumfeld für eine heterogene Lerngruppe.

Grob gesprochen lassen sich zwei relevante Formen der inklusiven Ausrichtung ausmachen: Einerseits die Individualisierung, bei welcher Inhalte entsprechend individueller Bedarfe angepasst und vermittelt werden. Demgegenüber steht die Differenzierung: Hier werden Inhalte auf unterschiedliche Art und Weise so aufbereitet, dass diese von *allen* Schüler*innen in unterschiedlichen Zugängen erschlossen werden können. Dabei kann zwischen *innerer* und *äußerer Differenzierung* unterschieden werden. Die *äußere* fokussiert auf strukturelle Faktoren, die sich beispielsweise aufgrund von unterschiedlichen Schulformen ergeben. Das bedeutet, dass spezialisierte Schulen wie zum Beispiel Sonderschulen oder Gymnasien auf spezifische Schüler*innengruppen ausgerichtet sind und im Umkehrschluss die Mehrheit aller Schüler*innen keinen Zugang findet. Die *innere* Differenzierung hingegen fokussiert dann auf spezifische Schüler*innen oder Lernkontexte und die jeweilige Aufbereitung von Lerninhalten.

Textor (2015) legt als Eckpunkte für eine inklusive Didaktik in Anlehnung an den *Index für Inklusion* folgende Aspekte fest:

- normative Grundlage: Dieser Punkt verweist auf eine Grundhaltung, die Vielfalt nicht nur toleriert, sondern diese auch zelebriert und als Vorteil erachtet. Lehrpersonen und der von ihnen gestaltete Unterricht orientieren sich an diesen Prinzipien.
- Individualisierung: In einem an Inklusion angelehnten

Modell müssen Rahmenbedingungen geschaffen werden, die an die individuellen Bedarfe angepasst sind. Dies gilt nicht nur für die Unterrichtsgestaltung, sondern auch für die Leistungsfeststellung.
- soziale Beziehungen: Diese sind auf unterschiedlichen Ebenen angesiedelt, nämlich zwischen Lehrpersonen und Schüler*innen, zwischen Schüler*innen etc. Prinzipiell spielt die Art der Interaktion in jeglicher Form des Unterrichts eine Rolle, aber gewinnt hinsichtlich eines Unterrichtssettings, das auf Inklusion abzielt, noch einmal besondere Relevanz.
- Vielseitigkeit der Inhalte: Dieser Aspekt fokussiert auf die vielfältige Gestaltung von Unterricht, welcher zum Mitmachen anregen soll, aber auch auf das Faktum, dass nicht nur akademisches oder kompetenzorientiertes Wissen vermittelt werden soll, sondern auch jenes, das soziales Wissen fördert.

Nach Kersten Reich (2014) bilden die nachfolgenden Bausteine die Rahmenbedingungen für inklusive Didaktik. In einigen wesentlichen Punkten überschneiden sich diese mit jenen von Textor (2015), beispielsweise hinsichtlich der Relevanz von sozialen Beziehungen. Die zehn Bausteine basieren auf Standards und Verortungen, die Reich in seinem Werk *Inklusive Didaktik – Bausteine für eine inklusive Schule* (2014) vorstellt:

- »Beziehungen und Teams«: Nach Reich sind Teamfähigkeit und sich daraus ergebende Beziehungen relevant für gelingende Unterrichtsgestaltung. Gemeinsames Arbeiten ist damit ein zentrales Element inklusiver Gestaltung von Unterricht. Ausschlaggebend dafür ist die Haltung der Lehrpersonen, also ihre Bereitschaft, sich für Inklusion einzusetzen. Diese muss in der Ausbildung bzw. im Studium wie auch in der Schulentwicklung Berücksichtigung finden.

- »Demokratische und chancengerechte Schule«: Dieser Aspekt spielt – wie die Überschrift schon vermuten lässt – darauf an, dass Schule, in der inklusive Didaktik möglich wird, auch eine Schule ist, die Diversität pflegt und sich aktiv gegen Diskriminierung und Zuschreibungen wehrt. Niemand soll den Prinzipien demokratischer Schulen folgend aufgrund eines oder mehrerer Merkmale ausgeschlossen werden. Standards wie zum Beispiel Geschlechtergerechtigkeit und Maßnahmen gegen Mobbing sind zentrale Bestandteile der Ausrichtung.
- »Qualifizierende Schule«: Eine inklusive Schule hat zum Ziel, alle Lernenden zum höchstmöglichen zu erreichenden Abschluss zu bringen und sie zu Fortschritten in unterschiedlichen Lernbereichen zu animieren, um das Erlangen von Expertise für *alle* zu ermöglichen.
- »Ganztag mit Rhythmisierung«: Dieser Baustein sieht vor, dass inklusive Schule ein Ganztagsangebot mit vielfältigen Möglichkeiten zur Beschäftigung ist.
- »Förderliche Lernumgebung«: Mit Bezugnahme auf den Aspekt ›Lernende mit Förderbedarf‹ und ›geeignete Schularchitektur‹ geht es hier um die Relevanz von vielfältigen Lernangeboten und Möglichkeiten für *alle* Kinder, sich Wissen anzueignen.
- »Lernende mit Förderbedarf«: Der Schulzugang muss für *alle* uneingeschränkt möglich sein. An sich werden in

einem solchen Lernkontext alle Lernenden als speziell zu fördernd verstanden.

- »Differenzierte Beurteilung«: Dieser Baustein verweist darauf, dass auch die Feststellung von Leistung und die damit einhergehende Bewertung auf die unterschiedlichen Bedarfe der Lerner*innen abgestimmt sein muss.
- »Geeignete Schularchitektur«: Hier geht es um die physische und räumliche Gestaltung von Lernumgebungen, Schulräumen und anderen lernrelevanten Orten. Diese muss Teilhabe für *alle* Schüler*innen an Lernangeboten ermöglichen.
- »Eine Schule in der Lebenswelt«: Ähnlich wie im Abschnitt zur Ganztagsschule verweist der Autor hier darauf, dass Schule einen wesentlichen Teil des Alltags der Kinder und Jugendlichen in der Schule mitbestimmt. Dementsprechend sind auch Unterrichtsinhalte und Aktivitäten lebensnah zu gestalten.
- »Beratung, Supervision und Evaluation«: Für die Zusammenarbeit im Team und die Weiterentwicklung der Schule sind Angebote Externer hilfreich. Zur Reflexion im Team kann Supervision ein hilfreiches Werkzeug darstellen. Im Fall von herausfordernden Situationen können Beratung und Austausch in multiprofessionellen Teams oder mit Kolleg*innen helfen. Um den Schulstandort an sich weiterzuentwickeln, kann sich eine breiter angelegte Evaluation als sinnvoll erweisen.

Müller Bösch & Schaffner Menn (2019) haben eine Gegenüberstellung einer Pädagogik mit und ohne inklusivem Fokus erarbeitet, die deutlich macht, worauf inklusive Didaktik achten muss:

Pädagogik	**ohne inklusiven Fokus**	**mit inklusivem Fokus**
Sozialform	Größtmögliche Homogenität	Größtmögliche Heterogenität
Modell von Behinderung	Eindimensional	Mehrdimensional
Planungsgrundlage pädagogischer Intervention	Personenbezogene Faktoren (Behandlung)	Stärkung Partizipation
Sozialformen	Selektion Einzelner, Professionalist*innen	Kooperation Lernende und Lehrende
Schulbildung	Homogene Gruppe, reduzierte spezifische Inhalte	Heterogene Gruppe, gemeinsamer Gegenstand, gemeinsames Projekt
Bildungsinhalte	In Einheiten gegliedert und in Häppchen präsentiert	Teil eines (zukunftsgerichteten) Ganzen
Realisierung von Unterricht	Lerngruppen, äußere Differenzierung	Alle, innere Differenzierung, ohne Ausgrenzung

Eindeutige Unterscheidungslinien lassen sich in der Zusammensetzung von Gruppen ausmachen. So sind auf der Seite der Pädagogik ohne inklusiven Fokus Gruppen bevorzugt, die sich in nur wenigen Merkmalen unterscheiden. Auch auf der Seite der Lehrpersonen wären Teams eher einheitlich zusammengesetzt. Konkret bedeutet dies: Diejenigen, die mit Schüler*innen mit zugeschriebenem Förderbedarf arbeiten, hätten dementsprechend auch eine spezifische Ausbildung. Demgegenüber stehen multiprofessionelle Teams, die mit heterogenen Schüler*innengruppen arbeiten, auf der Seite der Pädagogik mit inklusivem Fokus. Auch die Zielsetzung der pädagogischen Intervention verschiebt sich von individualisierten Bedarfen in einem nicht-inklusiven Setting hin zu einem Fokus auf die Gruppe.

6.3 Spezifische didaktische Entwürfe und Umsetzungsbeispiele

Neben bereits erwähnten Ansätzen und Kriterien gibt es auch spezialisierte Ansätze inklusiver Didaktik. Da die Rahmenbedingungen für Inklusion nicht überall gleich sind, kann es relevant sein, sich Praktiken lokalisiert, also auf bestimmte nationale bzw. regionale Kontexte (mitunter sogar auf der Ebene einzelner Schulen) fokussiert, anzusehen. Drei dieser Ansätze werden im Folgenden vorgestellt. Wer sich darüber hinaus konkrete Anregungen zur inklusiv-didaktischen Unterrichtsgestaltung insbesondere in MINT-Fächern holen möchte, wird in der Beispielsammlung zu inklusiver Fachdidaktik (herausgegeben von Riegert und Musenberg 2015) fündig.

Universal Design (for Learning)

Das so genannte Universal Design kommt aus der Architektur. Wie der Name schon sagt, verweist der Ansatz darauf, dass die Gestaltung universale Nutzbarkeit erreichen soll. Was das bedeutet, lässt sich leicht anhand eines Beispiels nachvollziehen: Wenn Sie sich einen Treppenaufgang vor-

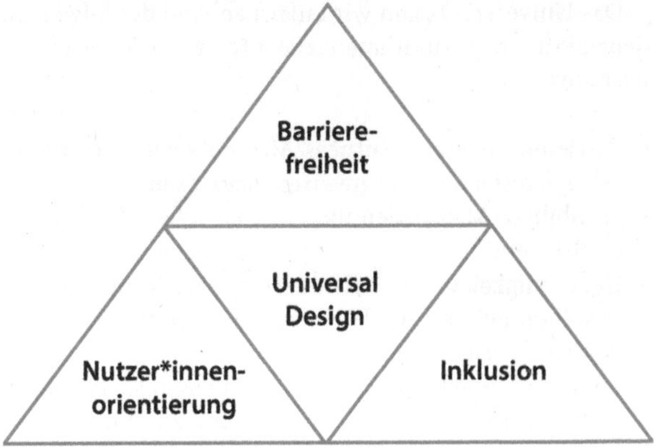

Kernaspekte des Universal Design

stellen, kann dieser ein Hindernis für viele Gruppen darstellen, z. B. für gehbehinderte Menschen, Personen, die einen Rollstuhl nutzen, Familien mit einem Kinderwagen, Personen, die einen Einkaufswagen schieben oder Pakete ausliefern etc. Fehlt ein Handlauf, kann der Treppenaufgang auch für sehbehinderte Menschen eine Barriere darstellen. Würde sich neben dem Treppenaufgang eine Rampe befinden, wäre das architektonische Problem für viele Personengruppen gelöst. Findet sich neben der Rampe mit Handlauf auch noch ein Aufzug, wäre die Fortbewegung für noch mehr Personen und wahrscheinlich für fast alle Gruppen möglich. Der Aufgang wäre also universal nutzbar. Das Prinzip des universellen Designs setzt sich also aus den Prinzipien der Barrierefreiheit, der Nutzer*innenorientierung und der Inklusion zusammen.

Das Universal Design wird meist anhand der folgenden sieben Prinzipien zusammengefasst (hier angelehnt an Fiseler 2015):

- Barrierefreiheit und Fairness: Materialien müssen für alle barrierefrei und gleichwertig nutzbar sein.
- Flexibilität: Materialien und Medien sollen flexibel einsetzbar sein.
- Geradlinigkeit und Konsistenz: Die Gestaltungselemente sollten einem für alle Nutzenden logischen und einheitlichen Prinzip folgen.
- Effektivität und Klarheit: Die Materialien sollen klar nachvollziehbar sein und ihre Anwendung zu einem Erfolg führen.
- Unterstützende Lernumgebung: Die Gestaltungselemente sollen zusammengenommen unterstützend wirken.
- Minimierung von unnötigem Aufwand und Voraussetzungen: Es soll leicht und intuitiv sein, sich an die Umsetzung zu machen und in Prozesse einzusteigen.
- Geeigneter und adäquater Rahmen und Raum: Der Gestaltungsrahmen sollte ansprechend und passend sein.

Der Ansatz des universellen Designs kann auch auf andere Bereiche wie das Lernen übertragen werden. Dieser Ansatz wird dann Universal Design for Learning (kurz: UDL) genannt. Das Prinzip wird aktuell vom Ansatz einer amerikanischen Firma mit dem Namen CAST (*Until learning has no limits*) dominiert. Der Name ist abgeleitet aus dem Namen des Center for Applied Special Technology. CAST orientiert sich sehr stark an neuropädagogischen Ansätzen und ist aufgrund dieses eingeschränkten Blicks nicht ganz unkritisch zu betrachten, da der Ansatz hochkomplex ist und überregional wohl nur bedingt so umgesetzt werden kann. Nichtsdestotrotz seien hier die drei zentralen Leitlinien zur Umsetzung genannt. Es sollen verschiedene Mittel zur Verfügung gestellt werden, um die folgenden Aspekte je individuell zu fördern:

- Involvierung und Motivation: Unterschiedliche Unterrichtsformen sollen zur Anregung der Schüler*innen beitragen.
- Darstellung und Wiedergabe: Unterschiedliche Medien, die zum Einsatz kommen, sollen unterschiedliche Lernbedarfe ansprechen.
- Aktivität und Ausdruck: Über unterschiedliche Formen der Kommunikation und Ermöglichung der Mitarbeit sollen unterschiedliche Formen der Mitarbeit angeregt werden.

Die Idee des UDL scheint für den deutschsprachigen Ansatz einer Weiterentwicklung der inklusiven Didaktik gut mit der Idee einer inklusiven oder inklusiv gestalteten Lernumgebung zusammenzupassen (Proyer, Kremsner & Biewer 2021). UDL vermag also einen Beitrag zu einer Umgebung zu leisten, die es ermöglicht, dass *alle* Schüler*innen in für sie geeigneter Art und Weise lernen können. Wichtig ist nach gegenwärtigem Forschungsstand allerdings die Berücksichtigung lokaler Gegebenheiten (Kremsner, Proyer & Baesch 2020).

Bielefelder Ansatz: Didaktik als Unterstützung

Bielefeld bietet durch eine an die Universität angebundene spezifisch gestaltete Laborschule für die Umsetzung inklusiver Didaktik sehr gute, aber auch spezielle (bauliche) Voraussetzungen. An der Laborschule werden bereits seit 1974 kontinuierlich wissenschaftlich begründete Konzepte des Lehrens und Lernens in der Praxis ausprobiert und weiterentwickelt, die dem Leitprinzip einer demokratischen Schulkultur sowie dem Anspruch, eine »Schule für alle« zu sein, entsprechen. Laufende Forschung zur Weiterentwicklung des Bielefelder Ansatzes (und damit einhergehend eine Vielzahl an Publikationen – auch zur dort angewandten Didaktik) und die Möglichkeit für Lehramtsstudierende, Erfahrungen zu sammeln, ermöglicht eine Win-win-Situation: Die Laborschule erhält einerseits Unterstützung von Studierenden und ermöglicht es ihnen andererseits, Erfahrungen in der Umsetzung von Inklusion zu sammeln und heterogene Schüler*innen zu begleiten.

Wenn wir den »Bielefelder Ansatz« vorstellen, beziehen wir uns also auf eine Schule, an der Theoretisches in der Praxis erprobt und in weiterer Folge verworfen, weiterentwickelt, umgedeutet oder auch neu gedacht wird. Und in diesem Sinne sollte auch der Bielefelder Ansatz verstanden werden: Er stellt keinesfalls den Anspruch, dass dort funktionierende Aspekte unverändert auf andere Schulen übertragen werden können und nicht etwa weiterentwickelt oder verworfen werden müssen. Vielmehr wird das Ziel verfolgt, eine Vielzahl an Anregungen anzubieten, die je nach Bedarf genutzt werden können und sollen. Inklusion ist nämlich, trotz universalen Anspruchs, sehr stark von lokalen und individuellen Gegebenheiten abhängig, und die jeweils gegebenen Rahmenbedingungen sind nicht übertragbar.

Dennoch bietet der Bielefelder Ansatz einige wichtige Aspekte, die generalisierbar sind: Eine erfolgreiche Umsetzung inklusiver Didaktik bedarf der Bereitschaft und Motivation aller Beteiligten. Damit ist eines der zentralen Prinzipien des Bielefelder Ansatzes angesprochen: die inklusive Grundhaltung, die im Kern bedeutet, dass »Lehrkräfte die Heterogenität in ihrer Klasse annehmen und didaktisch produktiv wenden« (Textor 2015, 130). Didaktik und Förderdiagnostik werden zusammengedacht, was ein begründetes differenziertes Vorgehen ermöglicht: Didaktik wird an den Bedarfen der Schüler*innen orientiert und der Unterricht dementsprechend adaptiert. Beispiele dafür sind der offene Unterricht, in welchem individualisierte und differenzierte Unterrichtsformen möglich sind. Auch die Inhalte können angepasst und so für einzelne Schüler*innen spezifische Zugänge ermöglicht werden.

Des Weiteren soll sich die inklusive Grundhaltung nicht nur »in den Beziehungen zu den Schülerinnen und Schülern« (ebda.), sondern auch in jenen mit den Kolleg*innen auswirken. Zentral ist also auch die Relevanz der sozialen Beziehungen. So soll Didaktik dabei unterstützen, Beziehungen zwischen den Schüler*innen, aber auch zwischen Schüler*innen und dem Gegenstand sowie den Lehrpersonen und den Schüler*innen zu fördern. Das spiegelt sich z.B. im Prinzip des sogenannten Team-Teaching, also des gemeinsamen Unterrichtens durch mehr als eine Lehrperson in einem gemeinsamen Setting. Dies setzt gute Absprachen zur Gestaltung geeigneter Unterrichtssettings und didaktischer Gestaltung voraus.

Science Boxes (Proyer, Kremsner & Biewer 2021)

Als weiteres Beispiel für ein Umsetzungsprinzip von inklusiver Didaktik kann auf einen Schulstandort in Wien verwiesen werden. Das Schulzentrum Donaustadt ist seit einigen Jahren ein Vorzeigebeispiel für den Weg in Richtung inklusive Pädagogik. Nicht zuletzt wird der Standort deshalb als innovativ wahrgenommen, weil Unterricht mit Lernwerkstatt-Charakter angeboten wird: Das bedeutet, dass Inklusion bei der Erarbeitung unterschiedlicher Themen didaktisch umgesetzt wird – und zwar entweder in Gruppen im Rahmen von (zumindest einmal pro Halbjahr stattfindenden) Projektwochen, im Kontext speziell gewidmeter Stunden oder unter Einsatz spezifischer Materialien. Ein zentrales Element sind die so genannten Science Boxes, also Forschungs-Boxen, von denen sich jede mit einem anderen Thema beschäftigt.

Mittlerweile gibt es am Standort fast 300 Boxen, die Themen von Geschichte über Sprachen bis hin zu Experimenten umfassen. Diese befinden sich in einem Raum der Schule, der als Lernwerkstatt bezeichnet wird. Neben den Boxen finden sich dort auch viele Verbrauchsmaterialien und andere Hilfsmittel, die bei der Bearbeitung zu Hilfe genommen werden können. Jede der Boxen ist nach dem gleichen Prinzip aufgebaut: Auf der Innenseite der Box findet sich eine Übersicht über die Übungen und Materialien (orange). Es gibt eine Anleitung und auf der unteren Innenseite der Box einen grünen Lösungsbogen. Die Schüler*innen bearbeiten die Box im Regelfall alleine über eine Doppelstunde; wer mehr Zeit benötigt, macht in der nächsten Einheit weiter. Die Boxen sind nach Möglichkeit mit einfachen Materialien ausgestattet, also kostengünstig, und bedürfen nicht vieler Zusatzmaterialien, die es aber gegebenenfalls in der Lernwerkstatt gibt. Dieses Prinzip entspricht der einfachen Nutzbarkeit von UDL (siehe oben). Am Ende einer meist gleich ablaufenden Stunde reflektieren die Schüler*innen das Erlernte im Plenum. Sie wählen die Inhalte der Stunden frei aus. Die Schachteln bieten eine breite thematische, aber auch didaktische Vielfalt. Sie kommen mitunter neben den Boxenstunden auch in weiteren Unterrichtsstunden sowie im Projektunterricht zum Einsatz. Der standardisierte Aufbau und die unterschiedlichen Übungen ermöglichen es den Schüler*innen, sich im Rahmen selbst angeleiteten Lernens über unterschiedliche Materialien und Übungen ein Thema zu erarbeiten.

Wie in Bielefeld gibt es auch hier besonders günstige Rahmenbedingungen. Einige der Boxen sind in Zusammenarbeit mit verschiedenen Fachbereichen der Universität Wien im Rahmen von Seminaren mit Studierenden entstanden. Dies stellt eine Win-win-Situation dar: Studierende erhalten die Möglichkeit, Material zu erstellen, das in der Schule zum Einsatz kommt. In einigen Seminaren erhalten die Studierenden direktes Feedback auf ihre Entwürfe von Schüler*innen und können somit im Sinne der Nutzer*innenorientierung das Material überarbeiten. Diese idealen Bedingungen können ebenfalls nicht ohne weiteres auf andere Standorte übertragen werden, dienen so wie der Bielefelder Ansatz aber sicherlich als fundierte Anregung für die Entwicklung eigener, passender Konzepte.

Ausblick

Dieses Buch bietet Anstöße für die inklusive Arbeit insbesondere auch in der Sekundarstufe. Nach begrifflicher und konzeptioneller Verortung in Kapitel 1 und 2 wird in Kapitel 3 in unterschiedliche Diversitätsdimensionen eingeführt, die für die inklusive Schule relevant sind: Behinderung, Geschlecht, Migration und Flucht und Klasse. Insbesondere wird die Relevanz der intersektionalen Verwebung dieser Ebenen für den Bereich der Leistungsfeststellung aufgezeigt. Darüber hinaus werden grundlegende Probleme des separierenden Schulsystems erläutert (Kapitel 4), die Rahmenbedingungen für das System Schule skizziert (Kapitel 5) und abschließend (Kapitel 6) auf konkrete Unterrichtssituationen bezogen.

Die Lektüre kann dabei begleiten, die eigene Praxis, didaktische Ansätze und schulische Entwicklungen zu reflektieren, dazu anregen, sich über Neues weiterführend zu informieren und dazu motivieren, schulische Gegebenheiten zu hinterfragen bzw. einzuordnen. Allzu oft wird aus Schulen rückgemeldet, dass es aufgrund der hohen Arbeitsbelastung und fehlender Ressourcen bzw. ungeeigneter Ausbildung keine Möglichkeit gesehen wird, mit wandelnder bzw. steigender Diversität umzugehen. Gesellschaftlich spielt dabei unter anderem der anhaltende und europaweite Lehrer*innenmangel eine zentrale Rolle. Ganz viele Standorte sind hinsichtlich der Etablierung von inklusiven Räumen aber schon sehr weit fortgeschritten, und dies bleibt mitunter ausgeblendet.

Natürlich kann das Lesen eines Buches nicht von heute auf morgen alle Probleme lösen, die sich auf dem Weg zur

Umsetzung von inklusiver Praxis ergeben. Es kann auch kein exklusives System umwerfen – dafür sind viele unterschiedliche Aspekte relevant. Aber es kann dabei helfen, Mängel zu identifizieren bzw. bei der Weiterentwicklung von Ideen zu unterstützen. Schulen sind in den aktuellen polykritischen Zeiten – u. a. Pandemie, Kriegshandlungen, Klimakrise etc. – häufig öffentliches Thema: meist als Orte der Ursache für sich verändernde Gesellschaft, allerdings selten in positiver Hinsicht, sondern vielmehr (auch) als Orte prekärer Arbeitsbedingungen, nicht zusammengehender Diversität etc. Selten werden Schule und die Arbeit von Lehrpersonen in der breiten Öffentlichkeit vor den Vorhang geholt, zelebriert bzw. in geeigneter Art und Weise gefördert.

Inklusive Pädagogik hat den Anspruch, Schule weiterzudenken, bisher nicht Vorstellbares (wie zum Beispiel gemeinsamen Unterricht von Kindern mit und ohne Behinderung) möglich oder zumindest vorstellbar zu machen, aber auch weit darüber hinauszudenken: Wie kann beispielsweise didaktisch in digitalen Kontexten inklusiv (weiter-)gedacht werden? Oder: Wie können alle Schüler*innen Zugang zu komplexen Inhalten wie zum Thema Nachhaltigkeit erlangen? Das Buch möchte dieses Moment nutzen und dazu ermutigen, Schule und schulische Abläufe nicht als gegeben zu betrachten, sondern zu hinterfragen und auch weiterführende Akteur*innen einzubinden bzw. zurück in das Blickfeld zu bringen.

Lehrpersonen und ihre Haltung werden oft als zentrale Akteur*innen in der inklusiven Schulentwicklung ausgemacht (Textor 2015; Reich 2014). Das ist zweifellos ein relevanter Aspekt, aber damit ist es nicht getan. Der gesamtgesellschaftliche Kontext muss mitgedacht und vor allem auch in die Verantwortung genommen werden. Inklusive Schule kann nur dann funktionieren, wenn die gesellschaftlichen Rahmenbedingungen es ermöglichen und die gesellschaftliche Grundtendenz dazu vorhanden ist bzw. dies sogar fordert (Biewer, Proyer & Kremsner 2019).

Leider lassen sich aktuell auch Gegentendenzen ausmachen. So werden aktuell Praxen wie getrennte Sprachförderklassen für Kinder mit Fluchtgeschichte und/oder migrationsandere Schüler*innen trotz vehementer Gegenbelege aus der Wissenschaft zu einer allgemein anerkannten und öffentlich wenig kritisierten Praxis. Da sie inklusiven Prinzipien diametral entgegenstehen, ergibt sich für Lehrpersonen daraus eine höchst schwierige Aufgabe: nämlich, pädagogischen Prinzipien zuwiderhandeln zu müssen bzw. darauf aufmerksam zu machen, dass gängige Praxen nicht geeignet sind. Abschließend gilt es also nicht nur hinsichtlich der Abläufe innerhalb der Schule, sondern auch darüber hinaus kritisch auf inklusive Entwicklungen zu achten und diese voranzutreiben, um auch in Zukunft weiterführenden Zugang zu inklusiven Schulangeboten zu ermöglichen.

Literaturhinweise

Baldin, Dominik (2017): Intersektionalität. In: Ziemen, Kerstin (Hrsg.): Lexikon Inklusion. Göttingen: Vandenhoeck & Ruprecht, 145–147.

Barberi, A., Kremsner, G., & Proyer, M. (2023). Ain't I a person? Oder: Wer spricht wo wann was wie? Zum Verhältnis von Inklusion und Intersektionalität. In: Inklusion Online 1. www.inklusion-online.net/index.php/inklusion-online/article/view/698.

Beauvoir, Simone de (1951): Das andere Geschlecht. Sitte und Sexus der Frau. Hamburg: Rowohlt.

Bickenbach, Jerome E. (2012): The International Classification of Functioning, Disability and Health and its Relationship to Disability Studies. In: Watson, Nick; Roulstone, Alan & Thomas, Carol (Hrsg.): Routledge Handbook of Disability Studies. Milton Park & New York: Routledge, 51–66.

Biewer, Gottfried (2017): Grundlagen der Heilpädagogik und Inklusiven Pädagogik. 3., überarb. und erw. Aufl. Bad Heilbrunn: Klinkhardt.

Biewer, G.; Böhm, E. & Schütz, S. (Hrsg.) (2015): Inklusive Pädagogik in der Sekundarstufe. Stuttgart: Kohlhammer.

Biewer, Gottfried; Proyer, Michelle & Kremsner, Gertraud (2019): Inklusive Schule und Vielfalt. Stuttgart: Kohlhammer.

BKA (Bundeskanzleramt) (o. J.): Nationaler Aktionsplan Integration. Bericht. www.bundeskanzleramt.gv.at/agenda/integration/nationaler-aktionsplan.html.

BMAS (Bundesministerium für Arbeit und Soziales) (2009): Übereinkommen über die Rechte von Menschen mit Behinderungen. www.bmas.de/SharedDocs/Downloads/DE/Teilhabe/uebereinkommen-ueber-die-rechte-behinderter-menschen.pdf?__blob=publicationFile&v=1.

Bohl, Thorsten; Budde, Jürgen & Rieger-Ladich, Markus (Hrsg.) (2017): Umgang mit Heterogenität in Schule und Unterricht. Bad Heilbrunn: Klinkhardt (UTB).

Booth, Tony & Ainscow, Mel (2019): Index für Inklusion. Ein Leitfaden für Schulentwicklung. 2., korr. und aktual. Aufl. Hrsg. und adaptiert von B. Achermann, D. Amirpur, M. L. Braunsteiner, H. Demo, E. Plate & A. Platte. Weinheim/Basel: Beltz.

Bourdieu, Pierre (1983): Ökonomisches Kapital, kulturelles Kapital, soziales Kapital. In: Kreckel, R. (Hrsg.): Soziale Ungleichheiten. Göttingen: Schwartz, 183–198.

Brehme, David; Fuchs, Petra; Köbsell, Swantje & Wesselmann, Carla (Hrsg.) (2020): Disability Studies im deutschsprachigen Raum. Zwischen Emanzipation und Vereinnahmung. Weinheim/Basel: Beltz Juventa.

Brunzell, Tom & Norrish, Jacolyn (2021): Creating Trauma-Informed, Strengths-Based Classrooms. Teacher Strategies for Nurturing Students' Healing, Growth, and Learning. London: Jessica Kingsley.

Buchner, Tobias; Pfahl, Lisa & Traue, Boris (2015): Zur Kritik der Fähigkeiten: Ableism als neue Forschungsperspektive der Disability Studies und ihrer Partner_innen. In: Inklusion Online 2. www.inklusion-online.net/index.php/inklusion-online/article/view/273/256.

Butler, Judith (2003): Das Unbehagen der Geschlechter. Frankfurt a. M.: Suhrkamp.

Castro Varela, María do Mar & Mecheril, Paul (2010): Grenze und Bewegung. Migrationswissenschaftliche Klärungen. In: Mecheril, P.; Castro Varela, M.; Dirim, İ.; Kalpaka, A. & Melter, C. (Hrsg.): Migrationspädagogik. Weinheim/Basel: Beltz Juventa, 23–52.

Castro Varela, María do Mar (2017): (Un-)Wissen. Verlernen als komplexer Lernprozess. In: Migrazine 1, www.migrazine.at/artikel/un-wissen-verlernen-als-komplexer-lernprozess.

Crenshaw, Kimberlé (1989): Demarginalizing the Intersection of Race and Sex: A Black Feminist Critique of Antidiscrimination Theory and Antiracist Politics. In: University of Chicago Legal Forum 1, 139–167.

Dirim, İnci & Mecheril, Paul unter Mitarb. von Alisha Heinemann, Natascha Khakpour, Magdalena Knappik, Saphira Shure, Nadja Thoma, Oscar Thomas-Olalde und Andrea Johanna Vorrink (2018): Heterogenität, Sprache(n), Bildung. Bad Heilbrunn: Klinkhardt.

Emmerich, Marcus & Hormel, Ulrike (2013): Heterogenität – Diversity – Intersektionalität. Wiesbaden: Springer.
Esslinger-Hinz, Ilona & Sliwka, Anne (2011): Schulpädagogik. Weinheim/Basel: Beltz.
Fisseler, Björn & Markmann, Mona (2012): Universal Design als Umgang mit Diversität in der Hochschule. In: Journal Hochschuldidaktik 1/2, 13–16.
Fisseler, B. (2015). Universal Design im Kontext von Inklusion und Teilhabe – Internationale Eindrücke und Perspektiven. In: Recht & Praxis der Rehabilitation, H. 2, 45–51.
Flieger, Petra (2017): Partizipation. In: Ziemen, K. (Hrsg.): Lexikon Inklusion. Göttingen: Vandenhoeck & Ruprecht, 179–180.
Fornefeld, Barbara (Hrsg.) (2008): Menschen mit Komplexer Behinderung. Selbstverständnis und Aufgaben der Behindertenpädagogik. München: Reinhardt.
Goodley, Dan (2014): Dis/Ability Studies. Theorising Disablism and Ableism. London / New York: Routledge.
Gudjons, Herbert & Traub, Silke (2016): Pädagogisches Grundwissen. 12., aktual. Aufl. Bad Heilbrunn: Klinkhardt.
Haas, Benjamin (2021): Die ADHS der Sonderpädagogik. Zur diskursiven Konstruktion des ›Nicht_Normalen‹ auf der Ebene disziplinärer Wissensbestände. Bad Heilbrunn: Klinkhardt.
Hirschberg, Marianne & Köbsell, Swantje (2016): Grundbegriffe und Grundlagen: Disability Studies, Diversity und Inklusion. In: Hedderich, I.; Biewer, G.; Hollenweger, J. & Markowetz, R. (Hrsg.): Handbuch Inklusion und Sonderpädagogik. Bad Heilbrunn: Klinkhardt, 555–568.
Hinz, Andreas & Boban, Ines (2013). Der neue Index für Inklusion – eine Weiterentwicklung der deutschsprachigen Ausgabe. In: Inklusion Online 2. www.inklusion-online.net/index.php/inklusion-online/article/view/11.
Hinz, Andreas & Boban, Ines (2019). ›Kritisches Lernen‹ – eine inklusive und demokratische Art, mit Paulo Freire ›die Welt zu lesen‹. In: Inklusion Online 3. www.inklusion-online.net/index.php/inklusion-online/article/view/524.
Hollenweger, Judith & Lienhard, Peter (2008): Schulische Standort-

gespräche: ein Verfahren zur Förderplanung und Zuweisung von sonderpädagogischen Massnahmen. Zürich: Lehrmittelverlag des Kantons Zürich.

Kaletsch, Christa & Rech, Stefan (2015): Heterogenität im Klassenzimmer. Methoden, Beispiele und Übungen zur Menschenrechtsbildung. Schwalbach i. Ts.: Debus Pädagogik.

Katzenbach, Dieter (2017): Inklusion und Heterogenität. In: Bohl, T.; Budde, J. & Rieger-Ladich, M. (Hrsg.): Umgang mit Heterogenität in Schule und Unterricht. Bad Heilbrunn: Klinkhardt (UTB), 123–139.

Klafki, Wolfgang (2021): Schulreformen und Bildungspolitik in der Bundesrepublik Deutschland. Wiesbaden: Springer VS.

Klenk, Florian Cristóbal (2023): Post-Heteronormativität und Schule. Soziale Deutungsmuster von Lehrkräften über vielfältige geschlechtliche und sexuelle Lebensweisen. Opladen / Berlin / Toronto: Barbara Budrich.

Kramreiter, Silvia & Krausneker, Verena (2019): Bilingual, inclusive, mixed-age schooling in Vienna. In: Marschark, M.; Antia, S. & Knoors, H. (Hrsg.): Co-Enrollment for Deaf Learners. Oxford: Oxford University Press, 133–147.

Kremsner, Gertraud (2017): Vom Einschluss der Ausgeschlossenen zum Ausschluss der Eingeschlossenen. Biographische Erfahrungen von so genannten Menschen mit Lernschwierigkeiten. Bad Heilbrunn: Klinkhardt.

Kremsner, Gertraud; Proyer, Michelle & Baesch, Sophia (2020): Vom Universal Design for Learning zum Local Universal Design for Inclusive Education – ein Plädoyer für inklusive Wurzeln. In: Sonderpädagogische Förderung heute 1, 34–46.

Kremsner, Gertraud; Proyer, Michelle & Obermayr, Tina (2020): Die Ausgangslage und die Einrichtung des Zertifikatskurses »Bildungswissenschaftliche Grundlagen für Lehrkräfte mit Fluchthintergrund«. In: Kremsner, G.; Proyer, M. & Biewer, G. (Hrsg.): Inklusion von Lehrkräften nach der Flucht. Über universitäre Ausbildung zum beruflichen Wiedereinstieg. Bad Heilbrunn: Klinkhardt, 17–45.

Leiprecht, Rudolph & Lutz, Helma (2006): Intersektionalität im

Klassenzimmer: Ethnizität, Klasse, Geschlecht. In: Leiprecht, R. & Kerber, A. (Hrsg.): Schule in der Einwanderungsgesellschaft. Schwalbach: Wochenschau Verlag, 218–234.

Lenz, Sarah; Rjosk, Camilla; Lorenz, Georg & Stanat, Petra (2021): Ethnische Segregation zwischen Schularten in mehrgliedrigen Schulsystemen und im »Zwei-Wege-Modell«. In: Kölner Zeitschrift für Soziologie und Sozialpsychologie 73, 59–84.

Lewalter, Doris; Diedrich, Jennifer; Goldhammer, Frank; Köller, Olaf & Reiss, Kristina (2023): PISA 2022. Analyse der Bildungsergebnisse in Deutschland. Münster / New York: Waxmann.

Mecheril, Paul (2007): Diversity. Die Macht des Einbezugs. http://heimatkunde.boell.de/2007/01/18/diversity -die-macht-des-einbezugs.

Mecheril & Vorrink (2023): Chancengleichheit und Anerkennung. Normative Referenzen im Diskurs um Heterogenität und Bildungsgerechtigkeit. In: Bohl, Thorsten; Budde, Jürgen & Rieger-Ladich, Markus (Hrsg.): Umgang mit Heterogenität in Schule und Unterricht. 2., aktual. Aufl. Bad Heilbrunn: Klinkhardt (UTB), 47–64.

Moser Opitz, Elisabeth (2014): Inklusive Didaktik im Spannungsfeld von gemeinsamen [!] Lernen und effektiver Förderung. Ein Forschungsüberblick und eine Analyse von didaktischen Konzeptionen für inklusiven Unterricht. In: Zierer, Klaus & Reusser, Kurt (Hrsg.): Jahrbuch für allgemeine Didaktik. Baltmannsweiler: Schneider, 52–68.

Müller Bösch, C. & Schaffner Menn, A. (2019): Individuelles Lernen in Kooperation am gemeinsamen Gegenstand im inklusiven Unterricht. In Luder, R., Kunz, A. & Müller Bösch, C. (Hrsg.): Inklusive Pädagogik und Didaktik. Bern: hep Verlag, 73–115.

Musenberg, Oliver & Riegert, Judith (2015): Inklusiver Fachunterricht als didaktische Herausforderung. In: Riegert, J. & Musenberg, O. (Hrsg.): Inklusiver Fachunterricht in der Sekundarstufe. Stuttgart: Kohlhammer.

Neumann, Phillip & Lütje-Klose Birgit (2020): Diagnostik in inklusiven Schulen – zwischen Stigmatisierung, Etikettierungs-Ressourcen-Dilemma und förderorientierter Handlungsplanung. In:

Gresch, C.; Kuhl, P.; Grosche, M.; Sälzer, C.; Stanat, P. (Hrsg.): Schüler*innen mit sonderpädagogischem Förderbedarf in Schulleistungserhebungen. Wiesbaden: Springer VS.

Norwich, Brahm (2008): Dilemmas of difference, inclusion and disability: international perspectives on placement. In: European Journal of Special Needs Education 23(4), 287–304.

Panlilio, Carlomagno C. (Hrsg.) (2019): Trauma-Informed Schools. Integrating Child Maltreatment Prevention, Detection, and Intervention. Cham: Springer Nature.

Pfahl, Lisa (2011): Techniken der Behinderung. Der deutsche Lernbehinderungsdiskurs, die Sonderschule und ihre Auswirkungen auf Bildungsbiographien. Bielefeld: Transcript-Verlag.

Prengel, Annedore (2006): Pädagogik der Vielfalt. Verschiedenheit und Gleichberechtigung in Interkultureller, Feministischer und Integrativer Pädagogik. 3. Aufl. Wiesbaden: VS Verlag für Sozialwissenschaften. [Erstausg. 1993.]

Proyer, Michelle; Kremsner, Gertraud & Biewer, Gottfried (2021): Good Practice in Inclusive Education: Participatory Reinterpretation of Already Existing Elaborate Classroom Practices Under a UDL Perspective. In: Galkiene, A. & Monkeviciene, O. (Hrsg.): Improving Inclusive Education through Universal Design for Learning. (Inclusive Learning and Educational Equity. Bd. 5.) Wiesbaden: Springer International Publishing. [doi.org/10.1007/978-3-030-80658-3_11.]

Radtke, Frank-Olaf (2017): Kategorie Kultur. In: Bohl, T.; Budde, J. & Rieger-Ladich, M. (Hrsg.): Umgang mit Heterogenität in Schule und Unterricht. Bad Heilbrunn: Klinkhardt (UTB), 61–76.

Reich, Kersten (2014): Inklusive Didaktik: Bausteine für eine inklusive Schule. Weinheim & Basel: Beltz.

Reich, Kersten (2017): Inklusive Didaktik in der Praxis: Beispiele erfolgreicher Schulen. Weinheim & Basel: Beltz.

Riegert, J. & Musenberg, O. (Hrsg.): Inklusiver Fachunterricht in der Sekundarstufe. Stuttgart: Kohlhammer.

Schellenberg, Claudia; Pfiffner, Matthias; Krauss, Annette & Georgi-Tscherry, Pia (2020): Umgang mit Beeinträchtigungen auf Sekundarstufe II: Ein Leitfaden für Lehrpersonen, Ausbildungsverant-

wortliche und andere Fachpersonen. Zürich: Interkantonale Hochschule für Heilpädagogik.
Scherr, Albrecht (2017): Kategorie Klasse. In: Bohl, T.; Budde, J. & Rieger-Ladich, M. (Hrsg.): Umgang mit Heterogenität in Schule und Unterricht. Bad Heilbrunn: Klinkhardt (UTB), 93–109.
Siedenbiedel, Catrin (2017). Inklusion am Gymnasium. In: Grüter, S. A.; Schiermeyer-Reichl, I. & Streese, B. (Hrsg.): Leistung inklusive? Inklusion in der Leistungsgesellschaft. Unterricht, Leistungsbewertung und Schulentwicklung. Bad Heilbrunn: Klinkhardt, 236–246.
Simon, Jacqueline & Simon, Toni (2014): Inklusive Diagnostik – Wesenszüge und Abgrenzung von traditionellen »Grundkonzepten« diagnostischer Praxis. Eine Diskussionsgrundlage. In: Inklusion Online 4. www.inklusion-online. net/index.php/inklusion-online/article/view/194.
Smykalla, Sandra (2014): Beyond Diversity? Umgangsweisen mit Vielfalt zwischen Akzeptanz und Ignoranz. In: Koller, Hans-Christoph; Casale, Rita & Ricken, Norbert (Hrsg.): Heterogenität. Zur Konjunktur eines pädagogischen Konzepts. Paderborn: Schöningh, 169–182.
Sturm, Tanja (2016): Lehrbuch Heterogenität in der Schule. 2. Aufl. München & Basel: Reinhardt (UTB).
Sturm, Tanja; Weibel, Mathias & Wlodarczyk, Sandra (2017): Simulationsspiel als hochschuldidaktisches Medium zur Auseinandersetzung mit soziologischen Theorien – am Beispiel von Bourdieus ›Reproduktion sozialer Ungleichheit durch die Schule‹. In: Inklusion Online. www.inklusion-online.net/index.php/inklusion-online/article/view/402.
Subasi Singh, Seyda (2021): Overrepresentation of Immigrant in Special Education: A Grounded Theory Study on the Case of Austria. Bad Heilbrunn: Klinkhardt.
Textor, Annette (2015): Einführung in die Inklusionspädagogik. Bad Heilbrunn: Klinkhardt (UTB).
Textor, Annette & Niestradt, Daniela (2018): Einführung in die Inklusionspädagogik. 2., überarb. und erw. Aufl. Bad Heilbrunn: Klinkhardt (UTB).

Thomas, Carol (2004): How is disability understood? An examination of sociological approaches. In: Disability & Society 19(5), 569–583.

Thon, Christine (2017): Kategorie Geschlecht. In: Bohl, T.; Budde, J. & Rieger-Ladich, M. (Hrsg.): Umgang mit Heterogenität in Schule und Unterricht. Bad Heilbrunn: Klinkhardt (UTB), 77–92.

Trautmann, Matthias & Wischer, Beate (2011): Heterogenität in der Schule. Eine kritische Einführung. Wiesbaden: VS Verlag für Sozialwissenschaften.

UN (1989): Convention on the Rights of the Child. www.ohchr.org/en/instruments-mechanisms/instruments/convention-rights-child.

UN (2006): Convention on the Rights of Persons with Disabilities and Optional Protocol. www.un.org/disabilities/documents/convention/convoptprot-e.pdf.

UPIAS (Union of the Physically Impaired against Segregation) (1975): Fundamental Principles of Disability. http://disability-studies.leeds.ac.uk/files/library/UPIAS-fundamental-principles.pdf.

Van Ackeren, Isabella & Kühn, Svenja Mareike (2017): Homogenität und Heterogenität im Schulsystem. In: Bohl, T.; Budde, J. & Rieger-Ladich, M. (Hrsg.): Umgang mit Heterogenität in Schule und Unterricht. Bad Heilbrunn: Klinkhardt, 175–190.

Villa, Paula-Irene (2007): Soziale Konstruktion. Wie Geschlecht gemacht wird. In: Hark, S. (Hrsg.): Dis/Kontinuitäten: Feministische Theorie. 2., aktual. und erw. Aufl. Wiesbaden: VS Verlag für Sozialwissenschaften, 19–26.

Wacker, Albrecht (2017): Schulstruktur und Zweigliedrigkeit: Umbau des Bildungssystems. In: Bohl, T.; Budde, J. & Rieger-Ladich, M. (Hrsg.): Umgang mit Heterogenität in Schule und Unterricht. Bad Heilbrunn: Klinkhardt, 191–206.

Waldschmidt, Anne (2020): Jenseits der Modelle. Theoretische Ansätze in den Disability Studies. In: Brehme, D.; Fuchs, P.; Köbsell, S. & Wesselmann, C. (Hrsg.): Disability Studies im deutschsprachigen Raum. Zwischen Emanzipation und Vereinnahmung. Weinheim & Basel: Beltz Juventa, 56–73.

Walgenbach, Katharina (2017): Heterogenität – Intersektionalität –

Diversity in der Erziehungswissenschaft. 2. Aufl. Opladen/Toronto: Budrich (UTB).
Walgenbach, Katharina & Pfahl, Lisa (2017): Intersektionalität. In: Bohl, T.; Budde, J. & Rieger-Ladich, M. (Hrsg.): Umgang mit Heterogenität in Schule und Unterricht. Bad Heilbrunn: Klinkhardt, 141–158.
WHO (World Health Organisation) (2005): ICF – Internationale Klassifikation der Funktionsfähigkeit, Behinderung und Gesundheit. Genf: Eigendruck (DIMDI).

Zu den Autorinnen

GERTRAUD KREMSNER ist Universitätsprofessorin für Pädagogische Professionalität im Kontext schulischer Heterogenität und Inklusion an der Universität Koblenz. Ihre Forschungsschwerpunkte liegen in inklusiver Forschung und Lehre bzw. den Dis/Ability Studies in Education.

MICHELLE PROYER ist Professorin für Inklusive Pädagogik am Department of Education and Social Work an der University of Luxembourg. Ihre Lehr- und Forschungsschwerpunkte liegen im Bereich inklusive Schule, Lehrer*innenbildung und Pädagogik und behandeln v.a. die Schnittmenge Behinderung und Kultur.